엄마가 들려주는
아름다운 소망

엄마가 들려주는 아름다운 소망

린다 에반스 셰퍼드 지음 | 김미영 옮김

세상에 사랑과 웃음이 가득할 때 세상은 살 만한 곳이 되고 사람들의 마음은 따뜻해지고 평안해집니다. 우리에게 최고의 선물은 행복한 가족이 사랑으로 하나 되는 것입니다. 그 가정에 웃음과 사랑만 가득하다면 가족들은 절대 가난해지지 않습니다. 가족의 사랑과 보살핌, 웃음과 눈물, 그리고 특별한 순간을 기억하는 사람은 영원히 행복합니다. 우리에게 특별한 순간은 아주 멀리 있지 않습니다. 기쁨과 행복은 생의 아주 작은 순간에 찾아옵니다. | 용혜원 |

지원북클럽

TEATIME STORIES FOR MOTHERS

Copyright © 2001 by Linda Evans Shepherd, U.S.A. and first publication of the translated work
Originally published in English by RiverOak Publishing, PO Box 700143, Tulsa, Oklahoma, U.S.A., Under the title "Teatime Stories for Mothers", authored by Linda Evans Shepherd, ISBN 1-58919-593-0

For the rights to publish this book in other languages contact Access Sales International, P.O. Box 700143, OK 74170-0143, U.S.A. Fax Number 918-496-2822. www.access-sales.com

Korean Translation Copyright © 2002 by JIWON BOOK CLUB Publishing Co.
This edition is published by arrangement with Access Sales International through Imprima Korea Agency
All rights reserved.

이 책의 한국어판 저작권은 Imprima Korea Agency를 통해 Access Sales International와의 독점 계약으로 지원북클럽에 있습니다. 신저작권법에 의해 한국 내에서 보호를 받는 저작물이므로 무단전재와 무단복제, 광전자 매체 수록 등을 금합니다.

초대의 글

당신을 세상에서 가장 행복한 이야기 속으로 초대합니다!

당신은 가슴 따뜻한 이야기들의 책장을 넘기면서, 지난 기억을 떠올리며 실컷 웃고 함께 눈시울을 적시게 될 것입니다. 생의 아주 특별했던 순간들, 믿음과 지혜와 감사의 마음을 담은 따뜻하고 재치 넘치는 이야기는 당신의 겨드랑이를 간질이거나, 마음을 차분하게 가라앉히고 가족의 사랑을 새롭게 되살려줄 것입니다.

아름다운 소망을 가슴에 품었던 사람들은, 이 세상에 사랑과 웃음이 가득할 때 사람들의 마음이 얼마나 따뜻해지고 평화로워지는지 알고 있습니다.

자, 이제 향기로운 차 한잔과 함께 마음이 따뜻해지는 이야기를 들어볼까요?

당신을 초대한 린다 에반스 셰퍼드

차례

1. 아주 특별한 순간을 담은 아름다운 소망

모네의 해돋이 · 11
함께 춤추실래요? · 14
엄마의 담요 · 16
좋은 소식! · 20
두 개의 쇼핑 카트 · 23
빨간 드레스 세 벌 · 30
엄마는 항상 놀랍니다 · 36
천사로부터 받은 키스 · 43
내 생의 특별한 순간들 · 46
기억의 나무 · 52
사랑의 빵 · 55
뒤집어서 생각하기 · 59

2. 엄마의 마음을 담은 아름다운 소망

내가 머물고 싶은 곳 · 65
16조각의 도자기 인형 · 68
마흔 살의 축복 · 73
고양이 첩보원 · 79
내 마음 옆에 있는 너 · 85
최고의 선물 · 90
나는 누구일까요? · 94
슈퍼 엄마의 하루 · 99
모자를 쓰는 아이 · 103
모든 것을 이기는 것은 사랑 · 107
사랑을 주는 시간 · 113

3. 믿음과 용기를 담은 아름다운 소망

나는 할 수 있어 · 119
천국의 보물 · 123
좋은 아침, 사랑해요! · 127

사랑은 영원하다 ……………… 131
엄마의 자장가 ……………… 139
위대한 속삭임 ……………… 142
기적의 의사 선생님 ……………… 146
인생은 놀라워라! ……………… 151
운전 교습 ……………… 158
러브레터 ……………… 162
엄마 울지 마세요 ……………… 166

4. 깨달음과 지혜를 담은 아름다운 소망

베개에 그려진 얼굴 ……………… 171
고양이 침대 ……………… 175
엄마가 완수해야 할 임무 ……………… 179
크리스마스 선물 ……………… 182
진짜 엄마 ……………… 187
다시 찾은 행복 ……………… 191
엄마를 닮았어요 ……………… 198
아름다운 유산 ……………… 202

5. 감사의 마음을 담은 아름다운 소망

사랑의 순환 ……………… 209
첫 번째 이메일 ……………… 213
너무 예쁜 우리 엄마 ……………… 219
사랑의 노래 ……………… 224
할머니와 웨딩드레스에 대한 기억 ……………… 228
가족들의 저녁식사 ……………… 231
사랑의 힘으로 ……………… 241
매일매일이 추수감사절 ……………… 245
처음 학교 가는 날 ……………… 249

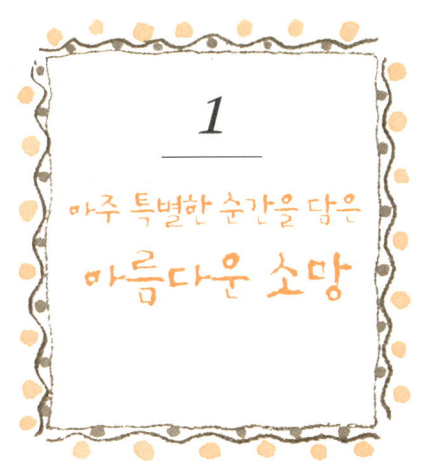

우리가 가족과 아이들을 위해 가장 많이 희생해야 하는 것이 있다면

바로 시간이다. 특별한 순간은 멀리 있지 않다.

기쁨과 행복의 순간은 생의 아주 작은 순간에 찾아온다.

패닛 클래르몽

그 가정에 웃음과 사랑만 가득하다면 가족들은 절대 가난해지지 않는다.

*

작자 미상

모네의 해돋이

"**엄마,** 엄마!"

나는 침대에서 몸을 돌렸습니다. 아직 잠이 덜 깬 흐릿한 눈으로 쳐다보니 카뜨린이 내 옆에 서 있었습니다. 밖은 아직도 어둠이 채 가시지 않은 듯 창문에 달빛이 아른거렸습니다.

내가 눈을 뜨는 것을 보고 딸아이가 속삭였습니다.

"엄마, 모네처럼 우리도 해돋이 보러가지 않을래요?"

나는 아이의 얼굴이 기대감으로 가득 차 있다는 것을 알았습니다. 딸아이는 요즘 엄청나게 모네에게 관심이 많았습니다. 그 화가의 아름다운 그림과 프랑스에 관한 모든 것까지 호기심이 그칠 줄 몰랐습니다.

아이는 오랫동안 혼자만의 계획을 세웠겠지요. 그리고 더 이상 계획을 미루지 못하고 오늘, 우리 집 앞마당에서 '모네의 해돋이'를 감상하자며 나를 그 자리에 초대하는 것입니다.

나는 정말 아침에 일찍 일어나는 사람이 아니었습니다. 이틀에 한번 원고를 정리하고 잡지사에 기사를 넘기는 일을 하는 내 생활을 본다면, 해가 지는 모습을 보는 것이 더 어울리고 익숙한 일인지도 모릅니다.

그러나 나는 두말없이 침대에서 나와 청바지와 티셔츠를 갈아입었습니다. 그리고 우린 함께 거실로 나갔어요. 나는 두꺼운 모포를 찾아 들고 딸아이와 함께 앞마당으로 나가기 위해 발걸음을 옮겼습니다.

생각해 보세요. 이 세상 그 어느 엄마가 오늘처럼 특별한 아침 초대를 거절하겠어요? 어른이 된 우리가 이런 뜻하지 않은 행복의 순간을 경험하는 일이 얼마나 자주 있겠어요?

나와 카뜨린은 모포를 단단히 여미고 벽에 가만히 등을 기대었습니다. 우린 하늘을 올려다보았습니다. 사방은 너무도 고요했고 별들이 소곤거리는 소리도 들리지 않았습니다. 새벽의 추위가 콘크리트 마당으로부터 스며 나와 우리는 모포를 두르고도 덜덜 떨고 있었습니다.

그런데 갑자기 하늘에 장밋빛과 분홍빛이 스며들더니 다시 보랏빛과 밝은 파란빛으로 서서히 물들어 갔습니다. 몇 분 지나지 않아 그 색깔들이 뒤섞여 하늘을 아름답게 수놓았습니다. 아주 조용한 가운데 나는 카뜨린의 손을 잡고 그 황홀한 기적을 목격했습니다.

'이렇게 매일 아침이 시작되는구나. 난 이 놀라운 시간에 잠을 자고 있었어!'

나는 딸아이가 초대한 모네의 해돋이를 감동과 사랑으로 지켜보았습니다. 카뜨린이 하늘에서 눈을 떼지 못한 채 내게 물었습니다.

"엄마, 모네는 이런 광경을 어떻게 그림으로 그렸을까요?"

우린 아침의 영광에 휩싸인 채 그대로 앉아 있었어요. 어느덧 해가 뜨고 하늘이 다시 원래 모습으로 돌아올 때쯤 우린 따뜻한 차를 마시기 위해 거실로 들어왔습니다.

지금 이 사랑을 어떻게 말로 표현할지 모르겠습니다. 우리 아이가 비록 모네가 해돋이를 그린 것처럼 아름답게 하늘을 그릴 수 없을지라도, 아침에 본 장엄한 풍경을 영원히 잊을 수 없을 거예요. 우리에게 그러한 아름다움을 보게 하시니 감사합니다. 이 기적의 아침처럼 항상 우리를 지켜주세요.

| 매리 밴 발렌 홀트의 *아름다운 소망* |

함께 춤추실래요?

가끔씩 행복이 내게로 찾아올 때 난 너무 정신이 없어서 알아차리지도 못합니다.

어느 날 나는 급하게 회사 일로 인쇄소를 가야 했는데, 미처 아이를 돌볼 사람을 구하지 못했습니다. 나는 할 수 없이 네 살 된 아들 지미를 함께 데려가야 했습니다. 나는 아이에게 옷을 입히면서 그 애가 심심하지 않도록 얼마 전에 사준 노란색 미니 카세트를 가지고 가도 된다고 말했습니다.

나는 인쇄소에 도착한 후 지미를 한쪽 구석에 있게 한 뒤 담당자들과 대화를 나누기 위해 자리를 옮겼습니다. 기계 돌아가는 소리가 시끄러운 인쇄기 옆에 서 있던 나는, 지미가 세사미 스트리트(Sesame Street) 노래를 얼마나 크게 따라 부르는지도 몰랐습니다. 그런데 지미가 미니 카세트의 볼륨을 크게 올리고, 갑자기 나를 향해 달려오면서 "엄마 춤춰요!"라고 소리를 질렀습니다.

나는 지미가 즐거운 듯 빙글빙글 춤을 추면서 나를 부르고 있는 모습을 보고 눈이 커졌습니다.

"엄마는 지금 바빠!"

나는 인쇄소 직원들에게 방해가 안 되었는지 어쩔 줄 몰라서 우물거리며 말했습니다. 그런데 나와 지미가 하는 말을 모두 들었을까요? 아니면 모두들 지미의 마술에 걸렸던 걸까요? 나는 뒤를 돌아보고 입이 떡 벌어졌습니다. 모든 직원들이 책상에 앞에 서서 지미의 음악에 맞춰 춤을 추고 있는 것이었습니다!

나는 내 주위를 둘러싼 이 행복한 순간을 지켜보았습니다. 이때만큼은 나도 지미가 주는 유쾌한 선물을 더 이상 무시할 수 없었습니다. 앞으로 음악을 듣다가 너무 기뻐 어지러워질 정도가 되면, 나도 지미처럼 이렇게 소리를 질러 사람들을 부를 것입니다.

"다같이 춤춰요!"

나랑 함께 춤추실래요?

행복은 환경에 따라 결정되는 것이 아니라 우리가 그것을 어떻게 다루느냐에 달려 있다는 것을 알았습니다. 생의 가장 큰 기쁨을 느끼고 있을 때 내가 머뭇거리지 않고 즐겁게 춤출 수 있도록 도와주세요. 아이의 시선으로 세상을 바라볼 수 있도록 도와주세요.

| 린다 에반스 셰퍼드의 *아름다운 소망* |

엄마의 담요

엄마가 암이라는 진단을 받았을 때 나는 23살이었습니다. 의사 선생님은 엄마가 앞으로 길어야 1년 정도 살 수 있을 것이라고 말했습니다. 그 말은 외동딸인 내가 이 세상에서 가장 듣고 싶지 않은 소식이었습니다.

그 날부터 엄마는 손수 바느질을 해서 담요를 만들었습니다. 나는 우리들의 시간이 서서히 우주 속으로 미끄러지고 있다는 느낌이 들었습니다. 그래서 엄마가 담요를 만드는 동안에도 거실에 함께 있기 시작했습니다. 나는 우리가 함께 지내는 지금 이 순간이 엄마를 위해 얼마나 중요한 시간인지 알고 있었습니다. 물론 나를 위해서도 그렇지요. 나는 바느질을 하고 있는 엄마 곁에 가만히 앉아 있지 못하고 이렇게 졸라댔습니다.

"엄마, 재미있는 이야기 하나 해 주세요……."

엄마는 바느질을 하면서 내가 태어났을 때의 기쁨과 행복한 기억을 떠올리며 이런저런 이야기를 들려주었습니다. 엄마의 이야기는 마치 어린 시절 내 기억 속에서는 가물가물한 어떤 동화 속 이야기를 연상시켰습니다.

나는 엄마가 들려주는 이야기를 들으면서, 지금처럼 죽음을 앞둔 이런 상황에도 고생스럽게 바느질을 하는 엄마의 마음을 알 수 있었습니다. 담요에 화려하게 수를 놓으면서 그렇게 강하고 용기 있게 죽음을 맞이하는 엄마의 능력이 어디에서 생긴 것인지 마음 속 깊이 느낄 수 있었습니다.

어느 날 엄마는 창가에 놓아둔 화분에서 꽃망울이 터지고 꽃이 피어나는 것을 보면서, 그 동안 살면서 있었던 일을 이야기했습니다. 오클라호마의 농장에서 살았던 어린 시절, 엄마의 결혼, 아빠가 전쟁에 나간 시절, 그리고 내가 태어날 때의 기쁨과 키우면서 행복했던 이야기를 작은 목소리로 들려주었습니다. 나는 엄마의 사랑과 용기에 탄복하면서 그 이야기들에 빠져들었습니다.

엄마와 나는 미래에 대해서도 이야기를 나누었습니다. 엄마는 내가 선생님이 되어서 얼마나 자랑스러운지 모른다고 말씀하셨지요. 나는 엄마를 웃게 만들었고, 서로의 가슴 한쪽이 저려오는 와중에도 우리는 함께 웃을 수 있었습니다. 나는 엄마에게 결코 내 안에서 흐르는 슬픔의 눈물을 보이지 않으려고 노력했어요.

엄마는 시간이 지날수록 단단히 마음을 먹고 담요 만드는 일에

몰두했습니다. 마치 그 일에 자신이 살아 있는 모든 의미가 남은 것처럼 신중했지요. 엄마의 몸은 고통스러웠겠지만 참고 인내하며 바느질을 해 나가고 있었습니다. 비록 한 땀 한 땀은 작았지만 완성된 꽃 모양은 완벽했고 그것은 엄마가 살아온 시간을 떠올리게 만드는 것이었습니다.

엄마는 가족은 물론 이웃 사람들에게도 헌신적이었습니다. 버려진 아이들을 돌보는 일이나, 교회에 봉사하는 일들, 심지어 이 담요를 바느질하는 것처럼 딸들이 엄마로부터 배울 수 있는 모든 일을 배울 수 있도록 정성을 쏟으셨습니다. 엄마는 우리에게 항상 이렇게 가르쳐 주었습니다.

"다른 사람들을 온화한 마음으로 대하고 항상 최선을 다해 성실하게 살아야 한다."

내가 생각 없이 일상적인 일에 대해 불평을 하면 엄마는 그대로 고개도 돌리지 않고 이렇게 타일렀습니다.

"그냥 그것을 할 능력이 있다는 걸 고맙게 생각해야 해."

나는 엄마 앞에서 배울 수 있었던 모든 것에 대해 감사 드렸습니다. 난 엄마의 아름다움 앞에 숙연해지지 않을 수 없었습니다.

엄마는 담요를 다 만들기 전에 돌아가셨습니다. 내가 엄마를 대신하여 마지막 조각에 수를 놓고 이어서 담요를 완성했죠. 그리고 엄마가 완전히 우리 곁을 떠나 땅 속에 묻힐 때까지 그 담요를 덮어 드렸습니다. 그것은 다른 사람들 눈에도 특이하게 보였겠지만 나에게는 더욱더 남다른 의미를 갖고 있었습니다. 나는 그 담요를 보면서 엄마와 내가 여전히 함께 있다고 생각했습니다.

이따금 나는 장롱 깊숙한 곳에 두었던 엄마의 담요를 꺼내봅니다. 그리고 담요를 펼쳐놓고 그 안에 수놓아진 꽃들에 얼굴을 묻고 엄마에게 위안을 받습니다. 엄마에 대한 향기로운 기억을 떠올리면서 말이지요. 그 기억 속에서 엄마와 딸은 소파에 앉아 지난날의 추억을 생각합니다. 그리고 결국에는 돌아갈 인생, 그러나 아직은 살아야 할 삶에 대해서 이야기를 나눕니다.

아주 특별한 순간이 흘러간다고 해도 우리 가족이 함께 나눈 사랑을 기억하게 하세요. 우리에게 들을 수 있는 귀와 열린 마음을 갖게 만들어주는 '엄마'라는 선물은 정말로 소중한 존재입니다. 나 또한 우리 아이들에게 그러한 값진 선물을 줄 수 있도록 도와주세요.
| D. 해리슨의 아름다운 소망 |

좋은 소식!

나의 세 번째 임신은 우리 가족에게 전혀 계획에 없던 일이었습니다. 정말 어쩌다 보니 생긴 일이었지요. 그렇게 놀라운 선물을 받고 보니 웃음이 저절로 나기도 했습니다. 나는 세 살, 다섯 살 된 두 아이의 엄마로 아무 문제없이 행복하게 지내고 있었습니다.

그런데 이제 홀연히 우리 가족 앞에 나타나 시끄럽게 울어댈 특별한 손님을 어떻게 아이들에게 소개해야 할지 난처했습니다. 그리고 엄마가 그 동안 자신들에게만 나눠주었던 사랑과 관심을 막내 동생과 나눠가져야 한다는 사실을 어떻게 이해시켜야 할지 막막했습니다.

어느 날 나는 두 아이와 산책을 나갔다가 이렇게 불쑥 이야기를 꺼냈습니다.

"얘들아, 하느님은 오로지 특별한 아이를 선택해서 그 아이가 형

이 되도록 만들어주신단다."

그랬더니 아이들은 무슨 말을 하는지 알 수 없다는 표정으로 내 눈을 쳐다보았습니다.

"그래서?"

"너희들도 하느님에게는 특별한 아이들일 거야. 그럼 어느 날 갑자기 형이 될 수 있는 자격에 뽑히게 될 거야. 어떻게 생각하니?"

나는 아이들에게 우선 그 정도로 설명하는 것으로 만족해야 했습니다.

어느덧 임신한 지 다섯 달째로 접어들자 내 몸은 아기와 함께 점점 더 '풍요롭게' 되었습니다. 아이들에게 얼마 후면 동생이 태어나고 새로운 식구가 된다는 것을 정확히 알릴 필요가 있었습니다. 나는 두 아이에게 오늘 저녁시간에 특별히 축하해야 할 일이 있다고 말했습니다.

이윽고 저녁 식탁에 남편과 아이들이 모여 앉았습니다. 나는 저녁식사를 마치고, 아이들에게 촛불을 켜게 했습니다. 우리 집에서는 늘 그렇게 촛불을 켜고 기쁜 일을 축하했던 것입니다. 나는 사과주스를 크리스털 유리잔에 따르면서, 아이들에게 동생이 생긴 일을 이야기할 것을 생각하니 가슴이 떨려왔습니다. 나는 아이들이 똑똑히 알아들을 수 있도록 천천히 말을 꺼냈습니다.

"앞으로 우리 가족에게는 아주 놀라운 일이 일어나게 된단다. 그래서 지금 이 자리에서 그것을 축하하려고 한단다. 아빠와 엄마는 아주 특별한 선물을 하느님께 받았단다. 이제 우리는 귀여운 아기를 가지게 될 거야. 바로 너희가 형이 되는 거란다."

아이들의 눈빛은 놀라움으로 가득 찼고 얼굴은 기쁜 감정을 감추지 못하고 있었습니다. 아이들의 모습을 지켜본 나는 안도감을 느꼈고 내가 정말 행복한 사람이라는 확신이 들었습니다. 모든 일이 잘 진행될 것이라는 믿음을 가졌습니다.

다섯 살 먹은 빌리가 나를 존경스러운 눈빛으로 바라볼 때, 그 순진한 파란 눈에선 촛불이 춤을 추고 있었습니다.

"엄마, 그럼 우리가 형으로 선택된 거예요?"

우리 가족의 한 사람이 될 수 있도록 새로운 식구를 보내주시니 감사합니다. 우리에겐 너무나 특별하고 놀라운 선물입니다. 그러나 우리에겐 그 선물을 최대한 현명하고 사랑이 가득한 사람으로 이끌 수 있을 만한 지혜가 없다는 것을 알고 있습니다. 지혜로운 마음을 주셔서 그 특별한 아이를 위해 우리가 무엇을 해야 하는지 알게 하세요.

| 데보라 홀트의 *아름다운 소망* |

두 개의 쇼핑 카트

오늘 나는 전국의 수백만 여성들과 함께 '엄마'라는 이름 앞에 나란히 줄을 섰습니다. 그 기분은 이루 말할 수 없이 행복했습니다. 왜냐구요? 오늘로써 나는 두 개의 쇼핑 카트를 자유롭게 운전하며 식료품을 구매할 수 있는 완전한 엄마가 되었거든요.

오늘도 다른 날과 별로 다르지 않았어요. 여전히 방바닥에는 아이들이 먹다 흘린 쌀죽이 발라져 있었고, 욕실 거울에는 바셀린이 짓이겨져 있었습니다. 거실의 커다란 텔레비전에서는 못생긴 공룡과 파자마를 입은 바니가 노래를 하고 있었습니다.

나는 어린이용 식탁 의자에 앉아 있는 우리 말썽쟁이의 얼굴에서 살구 조각을 떼어내고 나서야 냉장고가 텅 비었다는 것을 알았습니다. 땅콩버터와 젤리는 있는데 빵과 우유가 없었고, 세탁실은 빨래로 가득한데 세제가 없었습니다. 아이들 머리를 감겨야 했는데 유아용 샴푸도 없었습니다. 깨끗한 수건 한 장을 써야 한다면 지금 당장 슈퍼에 가야 할 형편이었습니다.

그런데 도무지 엄두가 나지 않았습니다. 물론 우리 엄마였다면 이런 일은 정말 별일 아니었을지도 모릅니다. 하지만 요즘 보통 여자들이 다 그렇잖아요? 가족 중에 한두 명이 도와주면 모를까, 나 혼자서 두 아이를 데리고 대형 매장으로 쇼핑을 간다는 것은 정말이지 완전한 모험이었습니다.

나는 쇼핑뿐만 아니라 두 아이와 어디를 나갈 때는 꼭 남편과 함께 갔습니다. 나는 혼자서 두 아이를 한꺼번에 데리고, 집 밖을 나서는 모험을 하기엔 너무 지쳐 있었습니다. 누군가 나를 겁쟁이라고 불러도 할 수 없습니다.

오래 전에 쇼핑 카트 두 개를 끌고 매장을 돌아다니는 모험심 강한 엄마들을 본 적이 있었는데, 그 모습은 나를 위협하기에 충분했습니다. 마치 머리 둘 달린 말을 끌고 쇼핑 매장을 유랑하는 것처럼 보였습니다. 그 엄마들의 눈은 값싼 과일과 야채 사이에서 분주하게 움직였지만, 그 동안에도 계속해서 아이들이 카트에서 떨어지지 않도록 살피고 있었습니다.

'어디가면 저런 엄마가 되기 위한 훈련을 받을 수 있는 거지? YMCA에 가면 저런 과정이 있을까?'

나는 집으로 돌아와서 바로 친한 친구에게 전화를 해서 쇼핑 매장에서 본 무적의 '터미네이터 엄마'들에 대해 떠들어댔습니다.

"너도 할 수 있어."

나는 그녀의 말에 할말을 잃고 말았습니다. 세상에, 내가 그렇게 할 수 있다니! 어림도 없는 일이라고 생각했습니다.

하지만 오늘은 정말 어떻게든 쇼핑을 해서 냉장고를 채우고 세탁물을 해결해야 했습니다. 나는 할 수 없이 친정엄마에게 전화를 해서 대형 쇼핑 매장에 함께 가 달라고 부탁했습니다.

"그 일은 여자라면 누구나 자기 몫으로, 혼자서 해내야 하는 일이야."

우리 엄마는 그렇게 말하며 매몰차게 전화를 끊어버렸습니다.

아, 나는 오늘이 바로 그 날이라는 사실을 알았습니다. 내가 모험심 가득한 엄마가 되는 신고식을 치러야 하는 날 말입니다.

나는 우선 필요한 것들을 차에 실었습니다. 아이들의 기저귀 가방, 장난감, 책, 아기 용품, 우유병, 과자, 여벌의 옷 등을 말입니다. 그리고 나서 두 아이를 차에 태우고 안전벨트를 메어주었습니다. 난 당당한 모습으로 운전석에 앉았습니다.

"난 할 수 있을 거야!"

나는 그렇게 다짐하고 차를 출발시켰습니다.

대형 매장에 도착한 후 나는 먼저 두 개의 쇼핑 카트를 능숙하게 운전하는 노련한 엄마들이 있는지 주위를 둘러보았습니다. 바로 그때 한 엄마가 차에서 내려 아이를 카트 뒤에 태웠습니다. 그리고 차 뒷좌석에 앉아 있던 큰 아이와 작은 아이를 안아 올려 다시 그 카트 안에 태웠습니다. 이윽고 두 카트 사이에 선 그녀는 한 손으로 아이들을 태운 카트를 밀면서, 동시에 다른 한 손으로 식료품이 들어 있는 카트를 당기며 앞으로 나아갔습니다. 마치 전차를 모는 로마의 전사처럼 말이죠.

나는 그 모습을 부러운 듯 지켜보다가 카트 하나에 두 아이를 함께 태우고 자리를 잡았습니다. 매장으로 향하면서 작은애의 입에 사탕을 물려주고 큰애에게는 음료수를 손에 쥐어주었습니다. 그리고 서서히 운전을 해 가며 다른 쇼핑 카트에 필요한 식료품을 던져 넣었습니다. 그렇게 힘들게 노력하면서 나는 다른 쇼핑하는 사람들이 나를 어떻게 볼까 하고 신경을 썼습니다.

"야, 카트 두 개를 운전하는 풋내기군."

"저 여자도 이제 우리랑 마찬가지로 슈퍼 엄마야."

그런 말들이 매장 내에서 퍼지는 것 같았습니다. 나는 내 쪽으로 카트를 밀고 오는 여자들에게 용기 있는 미소를 지어 보였습니다.

"나도 할 수 있어! 나도 두 개의 쇼핑 카트를 모는 모험에 도전했어. 그리고 난 해냈어."

나는 아이들을 살피면서 카트 안으로 시리얼, 바나나, 기저귀 박스와 주스 깡통들을 계속 던져 넣었습니다. 양손에 카트를 하나씩 밀고 움직이는 것은 힘든 일이었습니다. 나는 잠깐 숨을 고르고는 다시 앞으로 나아갔습니다. 밀고 당기고, 식료품을 던져 넣고, 밀고 당기고 던지고…….

이렇게 몇 시간이 흘렀는지 모릅니다. 나는 작은애의 기저귀를 갈기 위해 잠시 쇼핑을 멈춘 것 말고는 계속 앞으로 나갔습니다. 결국 나는 계산대 줄 맨 뒤에 섰고, 무사히 계산을 마쳤습니다.

"난 해냈어!"

마침내 나는 한껏 턱을 치켜올리고 승리의 월계관을 쓴 것처럼 두 개의 카트와 두 아이를 데리고 주차장을 돌았습니다. 내 차를 찾기 위해서였지요.

그러는 동안 조금 전과는 달리 턱은 조금씩 내려왔고 왕관도 조금씩 미끄러지고 있었습니다. 나는 다시 주차장을 한바퀴 돌고 있었습니다. 이제 내 턱은 완전히 숙여졌고 왕관은 이미 땅이 떨어졌습니다. 나는 세 바퀴를 돌고 나서야 간신히 내 차를 찾았습니다.

그런데 이게 웬일입니까? 글쎄, 열쇠가 차안에 그대로 꽂혀 있었고, 잠긴 문은 나를 원망하며 흘겨보고 있는 게 아닙니까.

불과 5분 전까지만 해도 나는 홍해의 모세와 같았습니다. 두 개의 카트를 조정하며 쇼핑하는 완벽한 엄마였으니까요. 하지만 지금 손으로 그늘을 만들어 차 안쪽을 자세히 들여다보기 위해 창문에 바싹 붙어 섰을 때, 승리의 왕관은 완전히 땅바닥에 떨어져 내 발 밑에 나동그라져 버렸습니다.

이제 선택은 두 가지였습니다. 구입한 아이스크림이 녹아 버리기 전에 모두 해치우든지, 아니면 다 녹은 아이스크림을 집에 가서 먹든지 결정해야 했습니다. 물론 난 첫 번째 안을 선택했습니다. 그렇게 해서 우리는 한 입 가득 모카 아몬드 아이스크림을 퍼먹게 되었고, 그 동안 용케도 열쇠 따는 사람을 부르게 되었습니다.

나는 차 옆에서 소리내어 아이스크림을 먹으면서, 승리와 실패가 어우러진 짧은 순간을 회상했습니다. 나는 높은 벽을 넘기 위해 용기 있게 맞섰고 마침내 두 아이와 함께 쇼핑에 성공했습니다. 하지만 기가 막히게도 45분간 주차장에서 아이스크림과 카트와 함께 뒤엉켜 있었고, 나와 아이들은 배도 아프고 심기가 뒤틀려 피곤했습니다. 그리고 결국 45달러를 주고 차 문을 열었습니다. 과연 오늘 이 쇼핑이 나에게 어떤 의미였을까요?

나는 집으로 돌아와 마지막 식료품 봉지를 냉장고에 넣으면서도 생각했고, 졸고 있는 아이를 방에 내려놓고 내 팔에 묻은 아이스크림 자국을 지우면서도 생각했습니다. 얼룩지고 땀 냄새가 나는 옷을 갈아입으면서도 생각했고, 물이 뚝뚝 떨어지는 냉동식품을 닦아 냉동실에 던져 넣으면서도 생각했습니다. 늦은 저녁을 지으면서도 생각했고, 힘든 몸을 의지하려고 소파에 쓰러지면서도 생각했습니다. 그리고 이런 결론을 얻었습니다.

'어떤 두려움에도 맞서 도전해야 한다는 사실을 잊지 말자. 난

엄마다!'

나는 다음에도 식료품을 사기 위해 아이들과 함께 집을 나설 것이고, 두 개의 쇼핑 카트를 멋지게 운전할 것입니다.

오늘처럼 특별한 경험은 가족을 부양한다는 것이 참으로 힘든 일이라는 것을 다시 한번 생각하게 합니다. 내가 걸어가는 엄마의 여정에 함께 해 주세요. 식료품 가게에서부터 아이들을 세상에 나갈 수 있도록 준비시키는 더 어려운 일까지, 이 세상 모든 엄마들이 걸어가는 길에 축복을 내려주세요.

| 낸시 케네디의 아름다운 소망 |

빨간 드레스 세 벌

해마다 추수감사절 날 우리 집에서는 호박파이와 버터밀크 셀러리, 그리고 칠면조 요리 등 맛있는 음식이 만들어지는 향기로운 냄새가 진동했습니다. 우리 세 딸들이 자라면서 자기만의 좋아하는 요리를 하나씩 개발했는데 그 날 아이들이 각각 만든 요리를 하나씩 맛볼 수 있었습니다. 그래서 추수감사절 식탁은 한층 더 풍성해졌답니다.

하지만 올해는 좀 특별한 추수감사절을 맞이해야 했습니다.

우리 큰딸은 벌써 세 살, 두 살, 그리고 갓난아이를 둔 세 아이의 엄마입니다. 둘째 딸은 대학 2학년이었고 막내는 고등학교 졸업반이었지요.

남편과 나는 10년 전부터 아주 좋은 목사들의 모임에 참여하고 있었는데, 작년에 갑자기 모임의 센터 건물이 팔려서 우리는 그 모임을 나올 수밖에 없게 되었습니다. 게다가 남편은 목사직도 함께 그만둘 수밖에 없었고 우리 가족은 정든 집을 떠나야 했습니다.

우리는 그 동안 세 번 이사를 했고, 남편은 괜찮은 일자리를 찾을 수가 없었습니다. 더구나 큰딸과 사위는 이혼한 상태였어요. 그래서 우리 가족의 가장 큰 문제는 해마다 항상 잘 보냈던 추수감사절을 올해는 어떻게 보낼 것인가 하는 것이었습니다. 지난해와는 비교할 수 없는 전혀 다른 그 날을 말이지요.

나는 추수감사절 파티를 준비해야 한다는 생각에 정신이 하나도 없었습니다. 하지만 우리는 작은 셋집에서 살고 있었고 마땅한 조리 기구도 없었습니다. 전기냄비와 전자레인지는 있었지만 오븐이 없었기 때문에 추수감사절 날 빠져서는 안 될 칠면조 요리를 할 수가 없었습니다.

이혼을 한 후 큰딸네 식구들은 우리 집에서 길 건너편에 있는 작은 집으로 이사를 왔습니다. 그 아이는 다행스럽게도 오븐을 가지고 있었어요. 그래서 우리는 큰딸네 집에서 요리를 해서 저녁 파티 시간에 맞추어 멋지게 장식된 칠면조 요리를 옮겨와야겠다고 생각했습니다.

나는 큰딸네 집에서 파이와 칠면조를 굽고, 두 집을 오가면서 하루종일 파티 준비를 했습니다. 나는 내가 할 수 있는 한 최대한 노력을 기울여서 화려한 추수감사절 만찬을 준비했답니다. 큰손자는 여기저기 뛰어다니고 파티 생각에 들떠서 좋아라 소리를 꽥꽥 지르고 다녔지요.

"할아버지, 보세요!"

그들은 앞마당에 매달아놓은 타이어를 돌리면서 소리쳤습니다. 아이들은 마당에서 놀고 있었는데 따뜻하고 기억에 남을 추수감사절 파티를 앞두고 기분에 젖어 일상의 좌절감은 다 잊어버리고 있었습니다. 비록 이혼의 아픔도 있고, 집도 없고 직업을 잃은 상황에 처하는 등 아직도 해결해야 할 문제는 산적했지만 우리는 즐거웠습니다. 오늘 하루뿐일지는 모르지만 우리들에게는 사랑과 키스와 포옹이 넘쳐났습니다.

내가 우리 집 전통이라고 우기며 추수감사절 날 유난스럽게 챙기던 행사가 있었는데, 그중 하나가 저녁식사 때 아이들이 옷을 격식에 맞게 갖춰서 입도록 하는 것이었습니다. 아이들이 다 크기 전까지만 해도 나는 직접 아이들이 추수감사절 날 어떤 파티복을 입는지 일일이 참견했었지요!

아이들이 어렸을 때 나는 레이스로 아이들의 금발머리를 잘 묶어 주었습니다. 한번은 나와 딸들이 모두 우리가 가진 '최고의 드레스'를 입고, 식탁은 도자기와 은식기로 아름답게 차려 놓았는데 남편이 청바지와 티셔츠를 입고 운동화를 신고 나타난 적이 있었어요. 다들 얼마나 웃었던지 원래 계획했던 분위기 있는 추수감사절이 엉망이 되어 버렸던 적도 있었답니다.

하지만 딸들이 나이를 먹으면서 청바지를 입거나 짧은 옷을 입고 싶어했고 내가 고른 옷은 입기 싫어했습니다. 그래도 나는 꽤 오랫동안 아이들을 그대로 놓아주지 않았습니다. 물론 결국 몇 년 전에 포기하고 말았지요.

그렇지만 그런 것은 별로 중요하지 않은 일이었습니다. 우린 서로를 사랑했고 건강했고 늘 함께 했습니다. 모두 다 하느님이 우리를 보살펴 주셨기 때문일 것입니다. 어느 해도 그러한 생각을 그냥 넘겨버린 적은 없었습니다.

어느덧 저녁식사 시간이 다 되어 이제 준비된 요리를 가지러 갈 때가 되었습니다. 딸들과 손자들은 우리 집으로 와서 식탁을 준비하고 잔을 채웠습니다. 소란스레 준비를 하면서 달콤한 과자를 우적우적 먹고들 있었습니다. 남편과 나는 칠면조 요리를 가지러 나가기 위해 문을 열면서 어깨 너머로 가볍게 아이들에게 이렇게 말했습니다.

"옷을 갖춰서 입으라고 말하면 좋아하지 않을 거지? 그렇지?"

아이들은 나를 보더니 서로 눈을 굴렸습니다.

남편과 나는 칠면조에 조금 더 양념을 바르면서 이제 아이들이 옷을 다 입었겠지 하고 기대하고 있었습니다. 그리고 우리는 쟁반 위에 추수감사절 칠면조를 균형 맞게 잘 올려놓고 길을 건넜습니다. 동부 텍사스의 가을날, 오후의 상쾌한 바람이 칠면조 소스에서 하얀 김을 일게 만들었습니다.

그런데 남편과 내가 길을 건너와서 우리 집 문을 열었을 때, 거기에는 정말 깜짝 놀랄 추수감사절 이벤트가 준비되어 있었습니다. 바로 거실에서 빨간색 이브닝 드레스를 입은 아름다운 세 딸이 우리를 맞으며 서 있었던 것입니다. 그 애들은 뭐가 우스운지 서로 키득대며 땋은 머리를 만지던 그 옛날로 돌아간 것처럼 환하게 웃고 있었습니다.

우리가 칠면조 요리를 가지러 나가자마자 그 아이들은 막내딸의 옷장으로 달려가 자기들이 학생 때 입었던 댄스파티용 빨간색 정장을 꺼내 입은 것입니다. 마을에서 졸업식 행사를 할 때 으레 입어야 했던 빨간 드레스와 대학에서 미인대회에 후보로 올라갔을 때 입었던 와인색 드레스를 각자 꺼내 입고 한껏 멋을 내고 있었던 것입니다.

"엄마, 이 옷이면 충분한가요?"

남편과 나는 웃으면서 서로 껴안았고 눈물을 흘렸습니다. 그 날 우리는 가장 잊지 못할 추수감사절 저녁을 맞이할 수 있었습니다.

나는 유난히 사랑이 가득한 마음으로 추수감사절 날을 회상합니다. 생활이 가장 어려운 시점이었지만 우리 가족은 사랑으로 뭉쳤고, 역경을 이겨나가도록 서로에게 용기를 주었습니다.

우리에게 정말 소중한 것이 무엇인지 이제 알았습니다. 바로 사랑, 배려, 웃음이 넘치는 하나가 된 가족이 그것입니다.

최고의 선물은 행복한 가족이 사랑으로 하나 되는 것입니다. 우리 가족의 마음을 사랑으로 이끌어주셔서 서로를 위하는 특별한 마음을 갖게 하세요. 이 귀한 선물을 서로 나눌 수 있도록 도와주세요. 어떻게 하면 우리 가족이 즐겁고 사랑하고 배려하고 웃으며 하나 될 수 있는지 알게 해 주세요.

| 골든 케이스 파슨스의 *아름다운 소망* |

엄마는 항상 놀랍니다

우리 아이들이 차례로 여덟 살, 여섯 살, 세 살이 되었을 때 내 인생은 모험의 한가운데에 있었습니다. 나는 이 세상의 모든 아이들은 지독하게 호기심 많고 활동적이며 하루하루가 놀라움의 연속이라는 것을 그때 알았습니다.

나는 아이들을 집에서 가르치기로 마음먹었습니다. 우리가 인생을 살면서 될 수 있는 한 겪지 않았으면 하는 일이지만 결국에는 겪을 수밖에 없는 일이 바로 '아이 기르기'라고 생각합니다. 사실 '엄마'의 마음과 '선생님'의 마음으로 아이들을 바라본다는 게 얼마나 힘이 들겠어요.

최근 우리 집에서 일어났던 가장 큰 사건은 세 살짜리 막내에 의해 저질러졌습니다.

그 날은 며칠 동안 비가 내리다가 아주 잠깐 해가 얼굴을 내밀었을 때였습니다. 나는 여덟 살인 벤자민과 여섯 살인 안젤라, 그리고 세 살인 앤드류를 잠깐 바깥에서 놀게 할 수 있는 것을 다행으로 여기며, 평소처럼 아이들이 진흙에서 놀지 못하도록 주의를 주고 큰애에게 확실히 다짐을 받고 내보냈습니다.

그리고 나서도 내 마음은 쉴 틈이 없었습니다. 집안에는 해야 할 일들이 산더미처럼 쌓여 있었거든요. 그래도 잠시 혼자 있는 기분은 굉장히 편안하고 여유로웠습니다. 그런데 갑자기 벤자민이 놀란 얼굴을 해 가지고 집 안으로 뛰어 들어왔습니다. 그 애는 숨도 쉬지 않고 소리쳤습니다.

"엄마! 앤드류가 진흙에 빠졌어요!"

"뭐라구! 너희들 진흙에서 놀고 있었어?"

나는 대답을 들을 사이도 없이 벤자민을 따라 바깥으로 나갔습니다. 아이들에게 진흙에서 놀아선 안 된다고 분명히 말해 두었기 때문에 나는 화가 났습니다. 마치 온몸에서 화가 일어나고 있는 것처럼 느껴졌습니다. 왜 나는 한순간도 편하게 있지 못하는 거야!

내가 달려가 보니 앤드류는 진흙 구덩이에 허리까지 빠져 있었고, 얼굴이며 머리카락이며 완전히 엉망으로 더럽혀져 있었습니다.

"진흙에서 떨어져서 놀라고 엄마가 말했지!"

나는 안젤라도 마찬가지로 머리부터 발끝까지 진흙투성이라는 사실을 알았습니다.

'아이들을 바로 욕실로 데리고 가야 해.'

나는 그 생각뿐이었습니다. 그러면 저녁식사를 지을 때까지는 다 씻길 수 있을 것 같았습니다. 하지만 그건 그리 간단한 문제가 아니었습니다.

나는 먼저 앤드류를 구멍에서 끄집어내기 위해 아이의 뒤로 다가가서 아프지 않도록 주의하면서 안전하게 팔 아래쪽을 잡았습니다. 그리고 아이를 진흙에서 끄집어내려고 들어올렸는데 아이는 전혀 꼼짝도 하지 않는 것이었습니다.

'흥! 나는 이 정도로 기가 꺾일 사람이 아니야! 그래 어디 한번 해 보자.'

나는 이번에는 아이의 앞쪽으로 가서 두 다리를 벌리고 서서 힘을 다해 아이를 들어올렸습니다. 하지만 마찬가지로 전혀 움직이지 않았습니다. 앤드류는 말 그대로 꼼짝없이 진흙 구덩이에 갇혀 버렸던 것입니다. 내가 아이를 세게 잡아당길수록 아이는 더 크게 소리질렀습니다.

"아파요! 아파요!"

아이가 얼마나 크게 소리를 질러댔던지 동네 전체가 들썩일 정도였습니다.

"알고 있어. 하지만 여기서 나와야잖아."

나는 세 살짜리 아이가 히스테릭하게 내지르는 소리를 도저히 참고들을 수가 없었습니다. 그리고 무조건 앤드류를 그 진흙에서 빼내야 한다는 생각으로 다시 아이를 잡아당겼습니다. 하지만 내 노력은 아무런 도움도 되지 못했고 앤드류는 계속해서 아프다고 소리를 질렀기 때문에 귀마저 멍멍했습니다. 나는 제발 소리 좀 그만 지르라고 아이에게 부탁했습니다. 이웃 사람들이 그 비명소리를 듣는다면 아마도 내가 아이를 때리고 있는 것쯤으로 생각하기에 딱 알맞았기 때문입니다.

앤드류는 계속해서 몸부림치며 소리질렀습니다. 나는 슬슬 그 상황이 무서워지고 있었습니다. 주위를 아무리 둘러봐도 도와줄 사람은 없는 것 같았습니다.

"도와 드릴까요?"

어디서 나타났는지 한 남자가 앤드류를 쳐다보며 물었습니다.

"꼬마 신사가 완전히 진흙에 갇힌 것 같은데요."

그는 우리 동네에 살지 않는지 내가 전혀 모르는 사람이었습니다. 다른 때 같으면 낯선 사람의 도움을 받아야 할지 말아야 할지 망설였겠지만 지금 이 상황에 뭘 어쩌겠습니까?

"네, 저, 어떻게 아이를 꺼내야 할지 잘 모르겠어요."

나는 그렇게 말하고 나서, 이 상황이 어떻게 된 것인지 그 사람에게 설명했습니다.

"집에 삽 있어요?"

나는 벤자민을 시켜 창고에 다녀오도록 했습니다.

그는 재빨리 삽을 받아들고 앤드류의 몸 주위를 둘러싸고 있는 진흙을 파서 아이의 몸이 수월하게 움직일 수 있도록 만들었습니다. 그러더니 삽을 땅에 대고 기대어 서서는 뭔가를 연구하는 것처럼 생각에 잠겼습니다.

잠시 후 그는 나에게 아이 뒤에 서서 다리를 벌리고 중심을 잡으라고 말했습니다.

"다리를 훨씬 넓게 벌리고 힘껏 당기세요."

나는 숨을 깊이 들이쉬고 그가 시키는 대로 따라했습니다. 그렇지만 아이의 몸은 조금도 움직이지 않았습니다. 앤드류가 다시 소리를 지르면서 몸을 뒤틀기 시작했습니다. 나는 아이를 조용히 시키려고 노력했지만 헛수고였습니다.

"죄송합니다. 이제 신경 쓰지 않아도 괜찮습니다."

나는 미안한 마음에 작은 소리로 말했습니다.

"무슨 말씀이세요? 아이를 나오게 해야지요."

그는 손을 진흙 안으로 쑤셔 넣고는 진흙이 겨드랑이쯤 찰 무렵 앤드류의 신발 하나를 끄집어내는 데 성공했습니다. 그리고 다시 한 번 똑같이 반복하여 다른 쪽 신발마저 찾아냈습니다. 이어서 그는 약간 헐거워진 진흙 속으로 다시 팔을 넣어서 아이의 발을 끄집어내고 있었습니다.

나는 도저히 믿을 수가 없었습니다. 앤드류의 무릎이 서서히 진

흙 밖으로 빠져 나오고 있는 게 아닙니까. 나는 그 모습을 보고 얼른 아이 뒤로 다가가서 나머지 다리를 끌어 당겼지만 진흙 속에 깊숙이 갇힌 한쪽 다리는 여전히 꼼짝도 하지 않았습니다. 나는 그렇게 잡아당길수록 아이의 다리가 아프다는 것을 알고 있었지만 한 번만 더 힘껏 잡아당기면 그 애가 완전히 빠져나올 수 있을 것 같은 생각이 들었습니다.

나는 힘을 내어 앤드류의 무릎 뒤에서 진흙을 파냈습니다. 간격이 조금 더 벌어지자 마침내 그가 아이의 몸을 번쩍 들어올렸고, 앤드류를 진흙 구덩이에서 완전히 꺼낼 수가 있었습니다. 그는 앤드류를 안고 조금 떨어진 풀밭에 털썩 주저앉았습니다.

나는 아이의 상태를 살피기 위해 몸을 돌려 진흙 구덩이에서 나가려고 했습니다. 그런데 너무 힘껏 다리에 힘을 주었던 탓인지 이제는 내가 진흙 구덩이에 갇히게 되었습니다! 나는 정말 어이가 없고 당황해서 웃음이 다 나왔습니다. 그때까지 앤드류와 풀밭에 앉아 있던 그가 일어나서 내 손을 잡아끌었습니다.

이윽고 내가 완전히 진흙에서 빠져나와 앤드류의 몸을 살피고 있을 때 그가 자신을 소개했습니다. 그는 길 건너에 사는 윌슨씨 부부의 큰아들이었습니다. 나는 그에게 감사하다는 말을 하고 나서 앤드류에게 이 아저씨처럼 나중에 좋은 일을 해야 한다고 말해주었습니다.

"아이 기르기가 정말 힘드시죠?"

그가 말했습니다.

"그렇죠 뭐, 항상 놀랍고 흥미진진한 일로 가득 차 있어요."

그가 돌아간 후, 길 건너 월슨씨의 집에서 큰소리로 웃고 떠드는 소리가 새어나왔습니다. 우리는 사람들에게 하나의 재미있는 구경거리가 되었던 것입니다.

나는 저녁에 돌아온 남편에게 이 사건을 이야기했는데, 남편도 한바탕 재미있는 해프닝이 벌어졌던 것쯤으로 웃어넘기며 앤드류를 번쩍 들어 안고는 거실을 나갔습니다.

나는 엄마노릇이란 세상의 모든 놀랄 일을 가득 모아놓은 모험 속으로 들어가는 일이라는 걸 그 날 다시 한번 느꼈습니다.

우리 주위는 진흙 구덩이 같은 위험으로 가득 차 있기 때문에 엄마라는 존재는 항상 놀라지 않을 수 없습니다. 아이들이 앞으로 인생을 살아갈 때 내가 단지 젖은 옷만 말려주는 것이 아니라 그 아이들의 눈물까지 닦아줄 수 있도록 도와주세요. 지금은 물불 가리지 않고 장난만 좋아하는 저 아이들이 착실하고 유쾌한 어른으로 성장할 수 있도록 지켜주세요.

| 다이안 밀의 *아름다운 소망* |

천사로부터 받은 키스

나는 방금 한 천사로부터 키스를 받았습니다. 그 천사에 대해서 당신에게 이야기할까 합니다.

그 천사는 세 살인데, 긴 머리를 하나로 묶어서 뒤로 늘어뜨렸습니다. 이 천사는 항상 즐거움으로 가득 차 있는데 어느 누구도 감당하지 못할 만큼 장난꾸러기입니다. 그러나 당신이 그 아이 주변에 있으면 당신도 웃게 될 것입니다.

그 천사가 내 침실로 들어와 저녁 키스를 했습니다. 티셔츠는 너무 커서 바닥에 질질 끌리고 천사의 아름다운 눈은 엄마에 대한 사랑으로 반짝입니다. 천사는 내 침대로 올라와서는 양팔로 내 목을 감고는 그 달콤한 입술로 내 볼을 누릅니다. 그리고는 나에게 사랑한다고 말합니다.

아, 어떤 순간이 이보다 더 행복할 수 있겠어요? 이렇게 예쁜 천사가 없는 세상이 어떠한 모습일지 상상할 수도 없습니다. 물론 그 천사도 때로는 불만을 가지기도 합니다. 그 천사의 오빠가 자기가 갖고 싶어하는 것을 가지고 가면 오빠를 때리기도 하고, 오빠가 자신의 침대방에 지워지지 않는 매직으로 글씨를 써 놓을 때는 큰소리로 울기도 합니다.

나는 하느님이 그 귀여운 천사 로라를 우리에게 보내주었을 때, 그것이 우리 가족에게 어떤 의미인지 정확히 알고 계신다고 생각했습니다. 나는 그 무렵 전과 다른 무언가를 원하고 있었습니다. 첫 아이는 너무 고집이 세고, 둘째는 너무 조용하고, 셋째는 온순했습니다. 로라는 우리 가족이 특별한 무언가를 기대하던 순간에 태어난 아이였습니다.

나는 로라가 어떤 아이일지 예측할 수 없었습니다. 로라는 마치 한 여름 쏟아지는 소나기와 같은 아이였습니다. 그 아이는 커피에 얹은 달콤한 크림이나 아이스크림 위에 장식된 체리 같은 아이였습니다. 만약에 로라가 없었다면 내 인생은 완성되지 않았을 것입니다.

한 달 전쯤이었을 겁니다. '어머니날' 이었는데 로라가 나에게 줄 선물을 가지고 집으로 돌아왔습니다. 그것은 로라가 주말학교에서 직접 그린 꽃으로 만든 것이었습니다. 꽃 장식을 만드는 로라의 작은 손을 떠올리며 나는 영원히 잊지 못할 그 선물을 받고는 가슴이 떨렸습니다.

천사의 작은 손은 내 마음을 완전히 사로잡았습니다. 나는 그러한 행복이 영원히 지속되기를 기도합니다. 사랑에 사로잡힌 내 마음이 살아 있는 동안 내내 지속되길 말입니다.

물론 로라는 영원히 세 살인 상태로 있지 않을 것입니다. 시간이 지나고 내 예쁜 딸도 다른 아이들처럼 자라겠지요. 하지만 나는 언제까지나 그 천사를 나에게 보내주신 것을 감사할 것이고, 내 뺨에 남은 천사의 키스와 천사의 손으로 만든 꽃과 햇살 같은 천사의 웃음을 기억할 것입니다.

우리 아이들이 영원히 아이로 머물러 있지 않도록 도와주세요. 그리고 햇살과 빗방울에 대한 모든 기억을 소중히 간직할 수 있도록 도와주세요. 아이들은 내 가슴속 깊이 남아 있습니다. 기쁨과 행복을 느끼는 모든 순간에 아이들과 함께 할 수 있도록 도와주세요.

| 쥬디 L. 듀레이의 *아름다운 소망* |

내 생의 특별한 순간들

나는 오늘 아침 집에서 멀리 떨어진, 다른 주에 위치한 대학에 딸아이를 데려다주기 위해 8시간을 운전해서 갔다왔습니다.

어젯밤 앤의 짐을 싸면서 나에게는 아주 미약하나마 알 수 없는 불안감이 밀려왔습니다. 그 아이의 안전과 미래에 대해 이제 내가 전혀 어떻게 해 볼 수 없을지도 모른다는 불안감, 또는 심지어 앤이 영원히 내 품에서 떠나버릴지도 모른다는 두려움이 한꺼번에 밀려왔던 것입니다.

내가 얼마나 그 아이를 그리워하게 될까요?

우리 앤은 내가 알고 있는 아이들 중에서도 가장 신중하고 분별력 있고 즐거운 성격을 가진 아이였고 미래도 아주 밝았습니다. 그 애는 고등학교를 일등으로 졸업했고, 운동과 음악에도 뛰어난 재주가 있고, 댄스파티에서 여왕으로 뽑히는 아이였습니다. 아마도 그 애가 대학교 기숙사에서 일 주일 정도만 지내고 나면, 주말마다 친구들끼리 여는 댄스파티에서도 주인공이 될 것이 분명합니다.

　나는 운전을 하면서 내일부터 딸아이를 그리워하며 지내게 될 거라는 슬픈 생각을 그만 접었습니다. 3년 전에 그 아이의 오빠를 대학에 보내면서 그랬던 것처럼 말입니다.

　나는 어린 시절 농장에서 자랐습니다. 기억을 떠올려보면 향기로운 냄새로 가득 찬 건초더미에서 놀곤 했는데, 그 건초더미는 나의 할아버지의 아버지가 지어 놓은 곳간에 있었습니다. 갓 태어난 아기 고양이를 찾아내거나, 별이 쏟아지는 여름밤에 개똥벌레를 쫓아다니거나, 차가운 농장 연못에서 첨벙첨벙 물장구도 치고 놀았답니다.

　남편과 나는 아이들을 낳을 무렵에 아주 많은 꿈이 있었습니다. 나는 우리 아이들에게도 내가 가졌던 만큼 행복한 기억들을 선사할 수 있으리라 믿었습니다.

　아기방은 분홍색 솜털 구름으로 꾸미고, 나중에 아이들이 커갈 때는 닫집이 있는 침대와 프랑스의 프로방스 식 가구로 아이들 방을 꾸며야겠다고 생각했습니다. 그리고 무성한 녹색 잔디와 최고로 멋진 장난감을 사줄 만한 돈을 가졌으면 좋겠다고 생각했어요. 만약 딸이 태어난다면 프릴이 달린 옷과 매리 제인이 입었던 에나

멜 가죽옷을 입히고 말이죠.

우리는 아이들에게 사교댄스를 배울 수 있도록 해 주고 싶었고, 환상적인 생일파티도 열어주고 싶었습니다. 남편은 아들이 태어나면 작은 조랑말을 사주고 싶어했습니다. 그리고 아이들과 함께 벽난로를 마주하고 나란히 앉아 『초원 위의 작은집』 이야기책을 모두 읽어주는 꿈을 꾸었습니다. 그러면서 따뜻한 핫초코를 마시거나 동물모양의 크래커를 함께 먹을 수 있다면 얼마나 좋을까 하고 마음속으로 항상 기도했습니다.

그러나 세상일은 항상 우리 마음대로 돌아가지 않았습니다. 큰 아들 토비가 태어나고 얼마 지나지 않아 여러 가지 문제가 생겼고 많은 계획들은 이루어지지 못했습니다. 그리고 내가 '작은집' 이야기를 읽어줄 시간이 충분해졌을 때에 이미 아이들은 그 책을 혼자서도 잘 읽었습니다.

얼마 후 앤도 여름이면 자기 방에서 그 책들을 한 권씩 읽어나갔습니다. 남편과 나는 딸애가 네 살이 되었을 때 초급 발레 스쿨에 아이를 데려갔습니다. 그러나 앤은 다른 아이들이 춤추는 모습에 너무 놀란 나머지 다시는 그 곳에 갈 수가 없었습니다. 다행인지 불행인지, 그 무렵 우린 아이들이 다니는 학원비를 지불할 능력도 없었습니다.

아이들의 생일파티는 집에서 만든 케이크를 식탁에 올리고 간단히 촛불을 끄는 것으로 대신했죠. 이 작은 가족 행사는 물론 내가 꿈꿔왔던 잡지의 사진 같은데서 나오는 것과는 전혀 달랐습니다. 앤은 레이스가 달린 드레스와 분홍색 구두를 신는 대신에 친구에게 얻어온 옷이나 심지어는 오빠가 작아져서 입을 수 없는 청바지나 운동화를 신었습니다.

벽난로가 있는 안락한 집을 꿈꾸었던 우리는 연립주택에 살게 되었고, 파란 잔디는 이웃집 저택에 깔린 것을 2층 창문으로 바라보는 것으로 대신해야 했습니다. 그리고 토비는 조랑말대신 초라한 고양이가 낳은 새끼들을 좋아하게 되었습니다.

남편은 나에게 이런 순간들이 바로 우리네 '삶'이라는 것을 항상 일깨워주었습니다. 내가 그렇게 꿈을 꾸다가도 현실로 돌아오는 것이 소위 삶이라고 말입니다.

그는 우리 아이들이 이 작은 집에서 자기들만의 소중한 기억을 가지게 될 것이라고 내게 확신을 주었습니다. 이 중서부 작은 마을에 있는 우리 집에서 추억을 갖기에 충분하다고 말입니다. 남편은 동네 아이들과 숨바꼭질 놀이를 하거나 야구를 하거나 가까운 도시에 있는 동물원, 미술관으로 여행을 가거나 하는 것들이 모두 토비와 앤에게 소중한 기억이 되어 사진첩 남아 있을 것이며, 그것은 내가 시골에서 자라면서 갖게 된 전원적인 기억과 같은 행복한 추억이 될 것이라고 말했습니다.

그리고 사실은 남편의 말이 옳을 수도 있습니다. 토비가 대학 때문에 도시에 나가 있다가 잠시 들렀을 때가 생각납니다. 그 날 나는 토비와 앤과 함께 테이블에 둘러앉아서 어린 시절 좋았던 기억을 떠올리며 이야기꽃을 피웠습니다. 그리 오래된 이야기도 아닌데, 벌써 우리에게 추억이라는 이름으로 남겨져 있는 일들이 너무 많았습니다.

아이들은 겨울이면 거의 3미터 가까이 되는 큰 눈사람을 우리 집 앞마당에 만들었습니다. 아이들은 또 여름날의 물장난을 떠올리며 웃었는데, 거의 스무 명 가까이 되는 동네 꼬마들이 우리 집 응달진 뒷마당으로 몰려 왔었습니다. 아이들은 좋아라하며 오리와 거북이에게 먹이를 주기 위해 마을 수목원으로 갔던 길을 떠올렸습니다. 그리고 내가 방마다 돌아다니며 아이들이 잠들기 전에 침대에 걸터앉아 『오즈의 마법사』를 매일 밤 1장씩 읽어주었던 것도 기억하고 있었습니다.

우리 가족에게는 그런 식으로 전혀 기대하지 않았던, 전혀 예상하지도 않았던 삶의 길이 열리고 있었던 것입니다. 절반은 재미있었고 절반은 특별했습니다. 그리고 운 좋게도 좋은 와인처럼 우리 아이들의 기억은 더 향기로워지고 더 풍요롭게 될 것입니다. 지난 시절 그래왔던 것처럼 해가 갈수록 말이지요.

나는 언젠가 토비와 앤이 자신의 아들과 딸을 나와 같은 안쓰러운 마음으로 대학에 보내게 될 것이라는 것을 알고 있습니다. 그런데 토비와 앤에게, 내가 받았던 것만큼 모든 행복했던 기억을 주었을까요? 아이들이 가치 있는 삶을 살 수 있을 만큼 그렇게 강한 의지와 신념을 만들어주었을까요?

글쎄요. 아마도 그 답은 기대하지 않은 순간에 다가올 것입니다. 왜냐면 삶이라는 것은, 나중에 일어날 중요한 사건을 위해 기다리는 동안 예고 없이 우리에게 찾아오는 것이니까요.

지금 우리의 모습대로 살게 해 주서서 정말 감사합니다. 오늘은 어제의 희망이고 내일의 기반입니다. 비록 우리가 잠시 헤어진다고 해도 언제나 가족의 사랑 안에 살게 하시고 서로의 보살핌과 보호 속에 살 수 있도록 도와주세요. 남편과 내가 훌륭한 부모가 되게 하시고, 아이들의 내일이 최고로 보람 있는 내일이 될 수 있도록 도와주세요.
| 데보라 레니의 *아름다운 소망* |

기억의 나무

세상은 온통 크리스마스 분위기였습니다. 보이는 것, 들리는 것 모두 틀림없이 축복이 가득한 크리스마스를 노래하고 있었습니다. 많은 나무들이 하얀 눈옷을 입고 일렬로 서서 거리의 모퉁이로 나와 있었습니다. 거리마다 크리스마스캐롤이 울려퍼지고 있었습니다.

나와 아이들은 남편이 다락방에서 찾아서 가지고 내려올 트리 장식 상자를 기다리고 있었습니다. 내 가슴속에서 기대감은 오색 풍선처럼 부풀어올랐습니다. 우리 집에서 한 해 중에 가장 기쁜 순간이 바로 이 순간입니다. 바로 우리 가족이 모두 모여서 크리스마스트리를 장식하는 일이었지요.

남편의 눈은 오랫동안 잃어버린 보물함을 찾아낸 것처럼 기쁨으로 빛났고, 나는 그 눈빛을 되받아 그 장식 상자를 바라보았습니다. 어쩌면 이것은 황금보다 훨씬 값진 추억의 보석상자인지도 모르겠습니다. 조심스럽게 트리 장식물을 싸고 있던 상자를 열면 그것들이 들려주는 지난 이야기를 들을 수 있을 것만 같았습니다.

이제 나는 그리운 기억 속으로 들어갔습니다.

흔들의자에 앉아서 내가 처음으로 엄마가 되었던 그 날을 떠올렸습니다. 그리고 트리 장식물을 아이들에게 꺼내 주었던 너무나도 자랑스러운 아버지를 떠올리지 않을 수 없었습니다.

또한 딸아이가 9개월이 되었을 때 빨간 프릴장식이 딜린 크리스마스 드레스를 입고 사진을 찍었던 모습도 떠올랐습니다. 나는 그때 찍었던 사진을 복사하여 엽서를 만들어서 알고 있는 모든 사람들에게 보내기도 했었습니다.

내가 가장 좋아하는 장식물들 중에는 할아버지로부터 받은 것들고 있었고, 또 몇 개는 더 이상 이 세상에 계시지 않는 숙모로부터 받은 것들도 있었습니다. 이것들을 보면서 나는 가족들의 사랑과 그들과 함께 했던 아름다운 시간들을 떠올렸습니다.

또 다른 장식물을 보니 소중한 친구들의 얼굴과 그들과 함께 했던 행복했던 여행의 기억이 떠올랐습니다. 그리고 종이로 만든 사슬, 손으로 만든 크리스마스카드 등 아이들이 어렸을 때 직접 만든 것들을 꺼내보니, 통통한 볼을 가진 우리 아이들의 활짝 핀 미소가 가슴을 적셔왔습니다.

여섯 살 먹은 아들은 크리스마스 때 하는 일 중에서 가장 즐거운 일은 크리스마스트리를 장식하는 것이라고 말했습니다. 나는 아이에게 그 이유를 물어보았습니다. 그리고 나서 내가 사람들에게 크리스마스트리를 꾸미는 일이 정말 소중하고 의미 있는 일이라고 말했을 때, 어떻게 사람들이 내 말을 이해했는지 알 수 있었습니다. 우리 아들이 이렇게 대답했습니다.

"엄마, 전 크리스마스트리를 장식하면서 옛날 이야기를 듣는 것이 무척 즐겁거든요."

아이들이 우리의 가족으로 자라면서 오래 전 지난 이야기를 들을 수 있도록 하세요. 그리고 가족의 사랑과 보살핌, 웃음과 눈물, 그리고 특별한 순간을 기억할 수 있도록 도와주세요. 시간이 지나 그들이 어른이 되었을 때 오늘 이 소중한 기억으로 자신의 생활을 아름답게 꾸밀 수 있도록 도와주세요.

| 비키 뱅스의 아름다운 소망 |

사랑의 빵

내가 어렸을 때 금요일은 늘 특별한 날이었습니다. 금요일이 되면 엄마는 우리 식구들에게 갓 구어낸 빵을 내어놓았습니다. 나는 금요일 날이면 학교가 끝나자마자 집으로 달려가서, 엄마가 있는 부엌을 어슬렁거렸습니다. 향기로운 밀가루 반죽이 황금빛으로 빛나는 커다란 빵으로 변할 때 나는 향기로운 냄새를 맡기 위해서였지요.

어느 금요일, 나는 마치 컴컴한 지하실같이 생긴 구식 가스오븐을 바라보면서 엄마에게 이렇게 말했습니다.

"빵 굽는 냄새가 아니라면 정말 저 안에 빵이 있다는 걸 어떻게 알 수 있겠어요?"

우리 엄마는 약간 놀라는 것 같았습니다.

"네가 그런 철학적인 질문을 하다니, 이제 어른이 되는 게 분명하구나."

엄마는 눈을 반짝반짝 빛내면서 이렇게 말씀하셨습니다.

"그렇게 물어본다면, 엄마는 그저 '믿는 수밖에 없다' 는 말 외에는 할말이 없구나. 우리가 하느님을 믿는 것처럼 말이야. 하느님은 눈에 보이지 않지만 항상 너를 지켜보시고 너를 사랑하시잖아."

그런 일이 있은 후 얼마 지나지 않은 금요일 날, 우리 가족에게 가슴 아픈 일이 생겼습니다. 그 무렵 아빠가 실직한 상태였기 때문에 우리 가족은 경제적으로 아주 힘든 시간을 보내고 있었습니다. 우리 집이 몇 달째 제때 가스비를 내지 않자 마침내 가스를 끊기 위해 가스회사 직원이 찾아온 것입니다.

나는 엄마가 너무나 창피해한다는 것을 알 수 있었어요. 엄마가 가스오븐 문을 열었을 때 아직 구워지지 않은 밀가루 반죽이 윤기 나는 프라이팬 위에 그대로 있었고 가스회사 직원이 그것을 바라봤기 때문입니다.

"가스를 끊기 전에 우리 가족이 오늘 저녁에 빵을 먹을 수 있게 잠시만 기다려주실 수 있나요?"

엄마가 직원에게 양해를 구했습니다.

그 직원은 고개를 떨구곤 작게 대답했습니다.

"물론이죠, 그렇게 하세요."

얼굴이 붉게 달아오른 그 남자는 우리 엄마의 작은 부엌을 빠져나갔습니다. 그리고 타고 온 트럭에 올라앉아 우리를 기다려주었

습니다.

한 시간 후 가스회사 직원이 다시 돌아와 우리 집 지하실로 내려갔습니다. 나는 엄마와 함께 가스밸브를 조이는 차가운 쇳소리를 듣고 서 있었습니다. 그는 작업을 마치고 위로 올라와서는 엄마에게 성큼성큼 다가와 "이거 받으세요." 하며 밀린 가스비 청구서를 전해 주었습니다.

"청구서가 지불되면 다시 와서 밸브를 열어드리겠습니다."

엄마는 미소지으며 그 청구서를 조심스럽게 접어서 앞치마 주머니에 넣으면서 말했습니다.

"저도 드릴 것이 있어요."

엄마는 조심스럽게 포장된 것을 들어서 그에게 건넸습니다. 그것은 이제 막 구워낸 따뜻한 빵이었습니다. 순간 그의 얼굴이 환해졌습니다.

"오, 감사합니다. 아주머니와 가족들에게 빨리 좋은 일이 있기를 바랍니다."

그 금요일 날의 일은 벌써 오래 전의 이야기가 되었습니다.

나는 지금 병원 침대에 누워 있는 엄마를 내려다보고 있습니다. 엄마와 지난 이야기를 나누고 싶지만 엄마는 말을 할 수가 없습니다. 내가 얼마나 엄마를 사랑하는지 말하고 싶지만 이제 엄마는 그 말조차 알아들을 수 없습니다. 나는 그저 엄마의 손을 잡으면서 아직도 엄마가 내 곁을 지키고 있다는 것을, 우리 가족을 너무 간절히 생각하고 있다는 것을 느낄 수 있을 뿐입니다.

이렇게 엄마의 손을 잡고 있으니, 엄마가 사랑을 가득 담아 밀가루를 반죽하던 그 때가 아련히 떠오릅니다.

내게 엄마를 보내주셔서 감사합니다. 엄마는 나를 가장 큰 부자로 만들어주셨습니다. 지금 내가 있기까지 엄마는 나를 돌보느라 평생 많은 시간을 보냈습니다. 나와 우리 착한 가족에게 주었던 사랑만큼 엄마를 축복해 주세요. 아이를 낳아 기르는 사람이야말로 가장 위대하고 큰 부자임을 믿습니다.

| 버트 크롬퍼스의 아름다운 소망 |

뒤집어서 생각하기

시간이 흐를수록 나와 조슈아의 세계는 완전히 산산조각 나고 있었습니다. 각종 세금 청구서, 건강 보험비 등 나에게 지워진 삶의 짐은 너무나 무거웠습니다.

내가 하는 파트타임 일은 아주 적은 수입이 될 뿐이었고 생활비를 쓰고 나면 그중 남는 돈은 불과 얼마 되지 않았습니다. 이혼한 전 남편에게서는 아무런 재정적인 지원도 없었고 앞으로 조슈아와 살아갈 일을 생각하니 그저 한숨만 나올 뿐이었습니다.

하지만 어떻게든 정신을 차리고 무슨 방법을 찾아야 했습니다.

나는 할 수 없이 알브이 공원에서 낡은 텐트를 빌려 어린 여섯 살 조슈아와 생활하기로 마음먹었습니다. 차에서 생활하는 것보다 공간이 더 좁았습니다. 나는 마음속으로는 아이를 위해 더 많은 것을 주고 싶었지만 어쩔 수 없는 선택이었습니다.

다행히도 조슈아는 아프지 않고 밝고 경쾌한 모습으로 잘 견뎌

주었습니다. 오직 그것만이 나에게는 축복이었습니다.

그러던 어느 날, 나는 저녁마다 그랬던 것처럼 읽기와 쓰기가 끝난 후 조슈아에게 잠시 밖에 나가 놀아도 된다고 허락했습니다. 나는 조슈아를 내보내고 가계부를 들여다보며 괴로운 마음을 달래고 있었습니다.

그런데 밖에서 조슈아가 누군가와 말하는 목소리가 들려왔습니다. 가만히 들어보니 공원의 캠프를 관리하는 남자가 조슈아에게 자꾸 뭔가 말을 시키고 있었습니다.

"너도 공부방이 있으면 좋을 텐데……."

공원의 캠프지기가 내 아이에게 묻는 소리였습니다.

"엄마랑 함께 있으면 돼요."

조슈아가 힘없는 목소리로 대답했습니다.

"조슈아, 너 진짜 집을 갖고 싶지 않니?"

그가 조슈아의 마음 같은 건 아랑곳없다는 듯이 큰 소리로 다시 물었습니다. 나는 그의 무례함에 화가 치밀어 올랐지만 마음을 진정시키며 숨을 가다듬었습니다. 그리고 텐트 입구 쪽으로 귀를 바짝 가져갔습니다.

'조슈아가 그런 말에 상처받지 말아야 할 텐데. 그 애가 뭐라고 말할까.'

나는 조슈아의 어린 마음이 상처받지 않기만을 바랐습니다. 하지만 이내 자랑스러운 조슈아의 대답을 듣고 나서 내 얼굴에는 환한 웃음이 퍼졌습니다.

"엄마와 난 이미 진짜 집이 있는걸요. 단지 그 집이 들어갈 더 큰 집을 갖지 못했을 뿐이에요."

내 아이를 이토록 당당하고 자신을 사랑할 수 있는 사람으로 키워주셔서 감사합니다. 지금은 가진 게 없지만 물질보다 사랑이 먼저라는 것을 알게 하세요. 우리는 이 작고 보잘것없는 집을 그 어떤 큰 집보다 더 사랑이 넘치는 곳으로 만들 것입니다. 내 아이와 함께 하는 동안 가정에 사랑이 충만하도록 도와주세요.

| 캐롤 맥아두 렘의 아름다운 소망 |

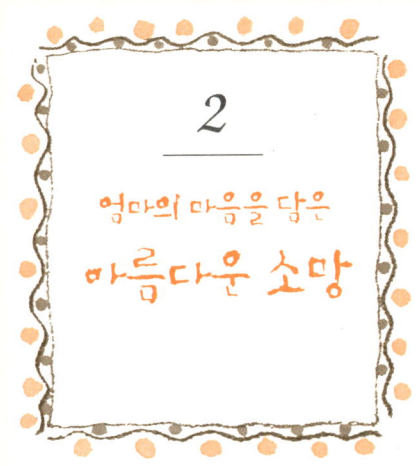

2
엄마의 마음을 담은
아름다운 소망

아이들의 아름다움과 행복은 우리를 기쁘게 한다.
그 기쁨으로 우리의 마음은 몸보다 크고 깊게 자란다.

랄프 왈도 에머슨

아이들의 얼굴은 어머니의 마음에서 영원히 지워지지 않는다.

*

작자 미상

내가 머물고 싶은 곳

오늘 저녁 나는 토요일 밤의 영화나 멋진 저녁 만찬도 잊었습니다. 왜냐구요? 우리 딸이 나를 즐겁게 하기 위해 황홀하고 멋진 파티를 열어주었기 때문입니다.

이제 여섯 살 된 에린은 나의 침실을 아름다운 파티장으로 바꾸어 놓았습니다. 물론 내 모습이 어떻게 바뀌어 있을지 거울을 보기 전까진 상상할 수도 없었습니다.

요즘 우리 아이가 가장 자주 쓰는 말은 "멋져요!"입니다. 정말 멋진 말이죠. 우리 에린이 혼자서 무엇을 했는지 궁금하지 않으세요? 내가 여섯 살 땐 도저히 상상할 수 없었던 일을 내 딸은 척척 해냈습니다.

먼저 그 애는 내 화장 도구를 신중하게 열고 바비 오드콜로뉴 화장품을 꺼냈습니다. 그리고 나서 에린은 진한 보라색 립스틱과 붉은색 매니큐어와 반짝이는 라벤더 색 아이섀도와 분홍색 브러시를 골랐습니다. 에린은 보라색 립스틱을 내 입술에 듬뿍 발라주고 나서 이렇게 말했습니다.

"엄마, 너무 멋져요!"

그 애는 여섯 살 된 아이가 보일 수 있는 최대한 진지한 표정을 지으며, 세상에서 가장 아름다운 여인을 바라보듯 나를 바라보았습니다. 그래서 그랬는지 나 자신도 그 순간만큼은 정말로 여왕이 된 듯한 기분이 들었습니다.

에린은 작은 빗으로 내 머리를 반듯하게 고정시키고 목에는 가짜 진주목걸이를 걸어주었습니다.

"잠깐만 엄마, 금방 돌아올게."

그렇게 말하고 나서 아이는 귀걸이 장식을 가지고 돌아왔습니다.

"정말 멋진 걸 골라왔어."

에린은 나에게 손바닥에 있는 종 모양의 귀걸이를 보여주었습니다. 그 애는 크리스마스가 이미 4개월이나 지났다는 사실도 아랑곳하지 않았습니다. 그리고 다음엔 어디서 찾았는지 내가 결혼식 때 신었던 구두를 가지고 왔습니다. 생각해 보니 내가 그 신발 위에 올라서 있은 지도 벌써 10년이 지났군요.

나는 그 구두를 신자마자 마치 신데렐라가 된 것 같았습니다. 그러나 얼마 지나지 않아 곧 발끝이 무뎌지고 발가락이 욱신거렸습니다. 지금처럼 발목까지 오는 양말을 신고 굽이 산처럼 높고 끝이 뾰족한 구두를 신고 올라서 있는 것이 편할 리가 있겠습니까. 하지만 나는 계속 그대로 구두를 신고 있어야 했습니다. 왜냐하면 아직 에린과 춤을 추지 않았기 때문입니다.

에린은 자신이 꾸민 엄마의 모습이 맘에 드는지 흡족한 표정을 지었습니다. 그리고 마지막으로 두 개의 스카프를 묶어서 숄을 만들어 그것을 어깨에 둘러주었습니다.

"엄마, 너무 너무 멋져요. 정말 근사해요!"

이렇게 딸애가 차려준 파티복을 입고 나는 에린과 함께 춤을 추었습니다. 그 날 밤 나는 세상에서 가장 아름다운, 그리고 가장 축복 받은 엄마가 되었습니다. 이미 어른이 되어버린 내 영혼은 기쁨과 희망으로 어린아이 같은 호기심과 놀라움으로 가득 찼습니다. 나는 에린과 거실에서 왈츠를 추면서 이런 생각을 하지 않을 수 없었습니다.

"여기가 바로 내가 있어 왔고, 영원히 있어야 할 곳이야."

아이들과 함께 왈츠를 추고 음악을 들을 수 있는 시간이 얼마나 커다란 축복인지 모릅니다. 내게 춤을 가르쳐주시고 그토록 멋진 춤 파트너를 맞게 하시니 정말 감사합니다. 앞으로 내가 사랑 안에서 아이의 마음을 따뜻하게 안아줄 수 있고, 행복한 미래로 이끌어 갈 수 있도록 도와주세요.

| 웬디 던햄의 아름다운 소망 |

16조각의 도자기 인형

"무슨 일이 일어났는지 말해 주지 않겠니?"

나는 화를 참고 아이들을 향해 물었습니다.

"글……쎄……요."

열 살 된 조세핀이 힘없이 말했습니다.

"우리는 절대 망가뜨릴 생각이 없었어요."

나는 발아래 깨진 도자기 인형 조각을 주워들고 그것이 신부의 면사포의 조각인지 신랑의 오른 발인지 유심히 확인했습니다.

"처음에 떨어졌을 때에는 깨지지 않았어요."

일곱 살인 제이슨이 거들며 말했습니다.

"처음에는?"

나는 소리지르지 않으려고 무진장 애를 쓰고 있었습니다. 최소한 아이들의 이야기를 끝까지 들어봐야 이 상황의 전말을 알 수 있으니까요.

제이슨은 자신이 엄마에게 전술상의 실수를 저질렀다는 것을 금방 알아차렸습니다.

"엄마 보세요. 인형이 벽에서 떨어지고 나서……."

"도자기 인형이 벽에서 떨어졌어?"

"사실은 선반에 있었어요."

조세핀이 작은 목소리로 말했습니다.

"선반에?"

"네. 그게……저 선반에 있었는데, 선반이 벽에서 떨어졌고 그러니까 도자기 인형도 같이 떨어졌어요."

제이슨이 상황을 설명했습니다. 나는 한숨을 쉬었습니다.

"우리는 선반을 원래대로 해 놓고 도자기 인형을 원래 자리에 올려놓으려고 했어요."

조세핀이 동생을 돌아보며 말했습니다.

"도자기 인형을 원래 자리에 놓으려는데 그만 의자가 흔들려서……."

아이들의 표정이 점점 안 좋아지고 있었습니다. 나는 그 '행복한 커플' 도자기 인형의 깨진 조각들을 넣어둔 박스를 손가락으로 두드렸습니다.

"그때 이 도자기 인형이 깨졌다는 거니?"

두 아이가 한꺼번에 고개를 끄덕였습니다.

"어떻게 고칠 수가 없었어요."

제이슨이 고개를 숙이며 말했습니다.

"그래서 그 상자에 넣었어요."

우리 세 명은 조용히 그 박스를 쳐다보았습니다. 마침내 내가 말해야 할 순간이 찾아왔습니다.

"이건 너희 아빠가 약혼할 때 엄마에게 준 선물이야. 그리고 이 엄마가 아끼는 수집품 중에서도 가장 오래된 거야. 그건 내가 가장 오랫동안 간직한 도자기 인형이야. 그 동안 다른 것들은 다 없어져 버렸어도 이것만큼은 유일하게 남아 있었어. 항상 우리 주위에 있어왔고 몇 번이나 이사를 하고 모든 것이 바뀌었어도 그 자리에 있었어."

나는 마음속에 참아왔던 말들이 슬슬 빠져나오는 걸 느꼈습니다.

"그리고 이젠 깨져버렸어. 엄마는 이걸 16년 동안이나 보관해 왔단 말이야! 내가 너희들을 키운 기간보다 더 긴 시간이었어!"

나는 아이들을 노려보며 혼을 내야 할지 내가 울어버려야 할지 도저히 알 수가 없었습니다. 제이슨은 다소 엄숙한 표정이었고 조세핀의 입은 샐쭉해져 있었습니다.

"저……."

조세핀이 살짝 웃음을 머금고 이야기를 꺼냈습니다.

"그런데 엄마, 우린 이제 16조각의 도자기 인형을 가지게 된 거

예요."

제이슨은 놀라서 눈이 동그래졌습니다. 나는 내 눈이 충혈되었다는 것을 느낄 수 있었습니다.

"조세핀……."

나는 그 애가 돌이킬 수 없는 말실수를 하고 어쩔 줄 몰라하는 것을 보았습니다. 아이의 눈은 이미 용서를 구하고 있었죠. 나는 어쩔 수 없이 웃고 말았습니다. 조세핀의 말은 상황 파악을 잘 못한 것이긴 했지만 정말 재치 있는 말이었습니다. 나는 웃기를 멈추고 나서 아이들에게 약속대로 밖으로 나가 놀도록 했습니다.

나는 박스 안을 들여다보고는 손가락으로 인형 조각들을 건드려 보았습니다. 아마도 남편은 강력한 접착 본드로 인형 조각들을 원상태로 만들어 놓을 것입니다. 남편은 그런 종류의 일에는 뛰어난 손재주를 갖고 있으니까요. 그리고 그러한 점이 또한 내가 남편을 사랑하는 이유 중에 하나였습니다.

그런 생각을 하고 나자 나는 깨진 인형이 원래 모습을 되찾을 수 있을 것이라는 확신이 들었습니다. 우리의 결혼이 깨어지거나 마음이 깨어지는 것과는 다르게 말입니다. 시간이 흐른 뒤 아이들은 내가 화를 낸 것이 단지 신랑 신부 도자기 인형을 깨뜨렸기 때문이 아니라는 것을 이해하게 될 것입니다. 오늘 일로 아이들은 다른 사람의 소유물을 소중하게 생각해야 한다는 것을 배우게 될 것입니다. 교양 있는 행동을 배우고 자신의 잘못을 숨기는 것이 더욱 나쁜 일이라는 사실을 알게 될 것입니다.

나는 아이들이 세상을 어떻게 살아야 하는 것인지 정확히 알려주지는 못합니다. 어쩌면 내 아이들을 10년이고 20년이고 더 보살피고 이끌어주어야 할지도 모릅니다. 그 때가 되어서야 정말로 큰 소리를 치며 아이들을 나무랄 수 있게 되겠지요.

나는 아이들을 기르는 와중에 가끔씩 내 감정을 억제하지 못합니다. 내가 아이들을 향해 언제 웃어야 할지 언제 울어야 할지 알 수 있도록 도와주세요. 부모가 될 때는 웃음과 눈물 모두가 필요하니까요.

| 론다 월러 스톡의 아름다운 소망 |

마흔 살의 축복

초인종이 울리는 소리에 문을 열었더니 친구인 코니가 서 있었습니다. 코니는 얼마 전 자신의 임신소식을 전했습니다.

"아말리오에 같이 가지 않을래? 내 배가 불러오기 전에 여행을 떠나고 싶어. 너도 좋아할 거야. 근사한 점심도 먹고 쇼핑도 하자. 캐리를 데리고 가면 네 아이들과 함께 놀아줄 수 있어."

나는 코니의 제안을 기쁜 마음으로 받아들였습니다. 내가 과연 좋은 여행 파트너가 되는지 확신할 수는 없었지만 사실 그 때 나는 정말로 기분전환이 필요한 시기였습니다. 코니는 늘 그랬듯이 그런 내 마음을 잘 알고 있었습니다.

우리가 여행을 떠났던 서 텍사스 지역은 긴 모양의 지형과 그림 같이 아름다운 평온한 풍경을 가진 곳이었습니다. 웅장한 협곡과 야생 생물, 그리고 하늘을 수놓은 장엄한 구름들은 신의 위대함을 보여주었습니다. 멀리 보이는 한 언덕의 꼭대기에서는 마음대로 팔을 펼친 잠자는 거인 아말리오를 볼 수 있습니다. 단순히 화려한 협곡이나 대초원이라고 말할 수 없는 그 이상으로 대단한 장관이 펼쳐져 있었습니다. 그 여행은 너무 훌륭했고 나는 다시 활력을 찾게 되었습니다.

우리는 쇼핑을 하면서 신나게 웃었고, 맛있는 점심도 먹으면서 집으로 향하기 전에 한번 더 살 것은 없는지 확인했습니다. 그래서 쇼핑센터의 안내창구로 가기로 했습니다.

그런데 그 순간 나는 무언가를 발견했습니다. 얼떨결에 내 눈에 들어온 진열품을 보고 나서, 나는 팔을 크게 벌려 그것을 가리키며 큰 소리로 흐느끼며 울고 말았습니다. 코니는 판매원들에게 둘러싸여 있다가 내가 있는 진열장 앞으로 달려온 모양이었습니다. 하지만 코니는 내 모습을 보고 그만 웃음을 터뜨리고 말았습니다.

나는 서 있는 채로 진열장에 장식된 바베큐용 앞치마를 뚫어져라 바라보고 있었는데 그 앞치마에는 이런 말이 쓰여져 있었습니다.

'임신을 하느니 차라리 나이 40이 되는 게 낫겠다.'

사실 그 때 나는 최악의 상황을 맞고 있었습니다. 그 앞치마에 쓰여 있는 대로 둘 다의 상황에 처해 있었으니까요. 내가 임신을 얼마나 두려워했는지 코니조차 잘 모르고 있었던 것입니다. 코니가 다가와 내 어깨를 감싸안았습니다. 그리고 우리는 말없이 쇼핑센터를 나와서 집으로 향했습니다.

나는 차를 타고 가면서 지난 시간 동안 내게 일어났었던 일들을 조용히 떠올려보았습니다.

재작년 내가 다섯째 딸인 로라를 임신을 했을 때 의사는 더 이상 임신은 어렵다고 말했습니다. 로라를 가진 9개월 동안, 나는 신장이 감염되었기 때문에 아이를 낳기까지 매우 위험한 상황에 이르렀습니다. 의사는 남편에게 내가 만약 다시 임신을 하게 되는 경우 생명에 치명적인 위험을 초래할 수 있다고 경고했습니다. 남편은 그 의견을 받아들여 정관수술을 받았습니다.

그런데 얼마 전부터 나는 '감기 비슷한' 증상을 아침마다 경험했습니다. 약국에 가서 임신 테스트 시약을 구입했습니다. 결과는 양성반응이었습니다. 나는 또다시 임신을 한 것입니다. 남편의 정관수술도 실패했던 것입니다. 어떻게 그런 일이 가능할 수 있었는지 나는 그 날 거의 하루 종일 울었습니다.

저녁에 노란색 작은 아기 양말을 사서 침대 머리맡에 올려놓았습니다. 그 날 밤 우리 부부는 앞으로 닥칠 그 명백한 위험을 어떻게든 해결해야 했습니다. 우리는 사랑의 힘으로 그 고통을 받아들이기로 결정했습니다.

어느덧 시간이 흐르고 7월이 되자 후덥지근한 여름 날씨는 나를 더욱 힘들게 했습니다. 나는 임신 6개월째로 접어들었는데, 너무나 고통스러워서 온몸이 떨릴 정도였습니다. 저녁까지 침대에 누워 있는데 밖에서 아들과 남편이 말하는 소리가 들렸습니다.

"누가 엄마에게 말하지?"

아들이 조심스럽게 물었습니다.

"엄마가 어떨지 모르니까 우선은 기다려보자."

남편이 대답하였습니다.

"뭘 얘기할 건데?"

나는 궁금해하며 부엌으로 나왔습니다. 두 사람은 저녁을 준비하는지 손에서 물을 뚝뚝 흘리며 서 있었습니다. 마침내 남편이 그 슬픈 소식을 전했습니다. 나와 함께 아말리오로 여행을 떠났던 내 친구 코니가, 분만 예정일 2주를 남기고 뱃속에서 아기가 죽어 제왕절개로 꺼냈다는 내용이었습니다.

며칠 후, 맹렬히 타오르는 텍사스의 태양 아래 한 공원묘지에 우리는 모여 있었습니다. 작고 하얀 관에 묻힌 아기의 영원한 안식을 위한 장례식이 시작되었습니다. 나는 그날도 병원에서 나올 수 없었던 가엾은 코니를 생각하니 눈물이 앞을 가렸습니다. 더욱이 코니는 불과 1년 전에 막내로 태어난 아들을 잃었던 비극을 겪고 난 후였기에, 다시 뱃속의 아기를 잃은 슬픔은 말로 다 표현할 수 없을 정도였습니다. 코니의 남편과 세 딸들이 새로운 가족이 될 아기를 얼마나 기쁨과 설레임으로 기다렸는지 알기에 우리의 슬픔은 더했습니다.

나는 슬픔을 이기지 못하고 그 자리에 주저앉아 버렸습니다. 하지만 나는 뱃속에서 살아 있는 내 아기가 힘차게 발길질을 하는 것을 느낄 수 있었습니다. 남편과 나는 마음을 다잡고 공원묘지를 떠났습니다.

그 날 오후에 나는 집으로 돌아와서 마을 어귀에 있는 호수가로 차를 몰았습니다. 나는 화를 달래지 못하고, 신고 있던 샌들을 발로 차듯이 벗어놓고는 물가를 따라 걷기 시작했습니다. 그런데 어느 순간 아기가 내 배를 찼습니다! 나는 혼자가 아니었습니다. 나의 모든 발걸음, 모든 숨결 하나 하나가 아기와 나, 우리 둘에게 속한 것이었습니다.

나는 울기 시작했습니다. 그리고 다시 한번 내 아기를 하느님께서 주신 선물로 받아들였습니다. 그 동안 나는 6개월 간 심한 고통 없이 임신 기간을 보내게 하신 하느님의 사랑을 잊고 있었던 것입니다. 나는 아기와 하느님에게 용서를 구했습니다.

한 주가 지난 뒤, 나는 병원에서 퇴원한 코니를 만나기 위해 그녀의 집으로 갔습니다. 힘들어할 것을 알았지만 내 친구는 친절하고 씩씩했습니다. 그녀는 나에게 앞으로 더욱 몸조심하라고 신신당부하면서 모든 것이 잘 될 것이라고 말했습니다. 우리는 손을 잡고 함께 울었습니다. 코니는 가장 슬픈 그 시간에도 나를 위해 축복해 주었습니다.

어느덧 선선한 바람이 부는 10월이 되었고 우리 집에는 막내딸이 태어났습니다. 우리에게는 정말 기대하지 않았던 축복이 내려진 것입니다. 몇 달 만에 다시 밝은 모습을 되찾은 코니가 아기를 보기 위해 우리 집에 놀러 왔습니다. 나는 팔목에 감았던 분홍색 끈을 그녀의 팔에 감아주었습니다. 그러자 그녀의 웃음처럼 환한 가을의 기쁨이 우리를 찾아왔습니다.

삶은 우리가 결코 생각지도 못했던 놀라운 방법으로 다가와 우리 몸과 영혼을 행복의 떨림으로 흔들어 놓습니다. 우리에게 아기를 보내신 축복은 기대에 넘칩니다. 내가 아이의 마음까지 건강하게 키울 수 있는 훌륭한 엄마가 되게 하시고 사랑과 믿음이 우리 가정에 가득할 수 있도록 도와주세요.

| 주디스 A. 웨그만의 *아름다운 소망* |

고양이 첩보원

오래 전 일이었습니다. 우리 아들 데니는 뼈에 암이 생겨 화학 요법을 받고 있었습니다. 데니는 신경이 극도로 예민해져서 병원에서 한 주간 격리된 적도 있었습니다.

데니의 백혈구 수치는 위험할 정도로 낮아져 있었습니다. 그리고 열도 심하게 오르고 있었습니다. 그것이 만약 어떤 감염의 징후라면, 열이 나는 것과 같은 증상은 아주 위급한 상황이라는 것을 의미했습니다. 데니의 혈액 수치가 얼마나 좋아질지는 오직 시간만이 해결해 줄 문제였습니다.

아무튼 우리 가족의 마음을 졸이며 그렇게 지루한 시간이 느리게 흐르는 동안, 데니는 치료를 위해서 아동 병실에서 혼자 지내야 했습니다. 사람들의 면회도 제한되었고 아무도 그 병실에 함부로 들어갈 수 없었습니다. 우리가 데니를 만나기 위해서는 특별하게 제작된 병원가운과 장갑, 모자와 마스크, 부츠 등을 신어야만 했습니다.

　시간이 지나도 데니의 상태는 별로 호전되지 않았습니다. 그래서 방문객은 우리 가족으로 제한되었고 나는 큰아들 데이비드와 보드 게임을 하면서 시간을 보내지 않으면 안 될 정도로 심리적으로 매우 약해져 있었습니다.

　하루는 데니가 나에게 이렇게 물었습니다.

　"엄마, 데이비드 형이 내 고양이를 데리고 와서 여기 병실 창문으로 들어올리면 내가 고양이를 볼 수 있을까요?"

　"글쎄, 나쁜 아이디어 같지는 않은데."

　나는 아이의 생각에 동의했습니다.

　데이비드는 집으로 가서 고양이 티그와 함께 돌아왔습니다. 데니는 데이비드가 바깥으로 나 있는 병실 창문에서 티그를 들어올려 보여주자 금방 생기 있는 표정을 지었습니다.

　"엄마 창문을 열어줘요. 만질 수 있게 말이에요."

　방범 창살이 없는 창문은 비교적 낮은 위치에 있었습니다. 나는 데니의 기운을 북돋을 수 있는 일이 될 것이라고 기대하면서 허락했습니다. 병실의 창문이 열렸습니다. 데니는 손을 내밀어 고양이를 만졌습니다. 그 순간 만면에 웃음이 퍼지며 손가락으로 고양이의 부드러운 털을 어루만졌습니다. 티그도 데니가 만지는 것이 좋은지 금새 그르렁거렸습니다.

"엄마, 병실에 티그를 들여놓을 수 없나요? 잠깐만 데리고 있고 싶은데요?"

데니가 간절한 목소리로 부탁했습니다.

"조심할게요. 간호사 누나는 절대 모를 거예요."

나는 순간 어떤 쪽이든 결심을 해야 했습니다. 평소 같으면 보수적인 나는 '지킬 것은 반드시 지켜야 한다'는 원칙을 지켰을 것입니다. 나도 병원에서 일하는 간호사였기에 이것은 명백한 규칙 위반이고 절대로 허용할 수 없는 행동이라는 것을 잘 알고 있었습니다. 그러나 지금은 무서운 병 때문에 생사의 고투 속에 있는 내 아이가 가장 즐거워할 수 있는 아주 작은 소망 하나를 요구하고 있는 상황인 것입니다.

나는 마치 아이의 담당 간호사가 된 것처럼 내가 내린 결정을 합리화하며 속으로 이렇게 다짐했습니다.

'좋아, 단 한번 뿐이야. 고양이가 아이를 기쁘게 만든다면 아이의 면역체계도 강해질 수 있을 거야.'

내 허락이 떨어지자마자 고양이가 창문으로 건네졌고 데이비드는 병원 현관문을 통해 병실로 들어왔습니다. 우리는 딱 30분만 고양이를 병실에 둘 생각이었습니다. 우리는 한 시간 이내에 병실로 누군가가 찾아오리라고는 생각지도 못했습니다.

그런데 한 10분 정도 티그와 데니가 놀고 있을 때, 병실로 들어올 준비를 하고 있는 간호사의 목소리가 들렸습니다.

"데이비드 형, 코트 안으로 티그를 감춰, 그러면 아마 안 보일 거야."

데니가 재빨리 고양이를 데이비드에게 주면서 말했습니다. 데이비드가 코트 밑으로 고양이를 집어넣으려고 할 때 간호사가 막 병실문을 열고 들어왔습니다. 그러자 미처 고양이를 감추지 못한 데이비드는 고양이를 안고 구석에 위치한 화장실로 뛰어 들어가서는 문을 걸어 잠그고 꼼짝하지 않았습니다.

우리에게 행운이 따르려는지 간호사는 아무 낌새도 알아차리지 못한 듯 대니를 치료하고 있었습니다. 그녀는 치료에 너무 집중한 나머지 아주 작게 들리는 고양이의 울음소리를 거의 신경쓰지 않았습니다.

그런데 간호사가 치료를 마치고 손을 씻기 위해 화장실로 들어가려고 했습니다. 그녀가 화장실 문 앞에 도착하자마자 데니가 소리를 질렀습니다.

"들어가지 마세요. 형이 거기에 있어요!"

그 순간 문을 긁는 소리가 들렸고, 안에서 데이비드가 기침을 하거나 물을 틀면서 고양이 소리를 가리기에 정신이 없었습니다. 간호사는 그 안에서 일어나는 일을 자세히 알려지지 않았고 데니와 유쾌하게 이야기를 나누었습니다. 아마 데이비드가 나오면 바로 화장실로 들어가 손을 씻기 위해 기다리는 것 같았습니다.

시간이 생각보다 더 지체가 되자, 데이비드가 좀 불룩해 보이는 코드를 여미고 화장실에서 나왔습니다. 그리고 첩보 영화에서 보는 것처럼 재빨리 데니의 침대로 몸을 던져 고양이를 완전히 숨기려고 했습니다.

하지만 이게 웬일입니까. 간호사가 병실을 나가려고 돌아서는 순간, 고양이가 폴짝 뛰어서 침대 시트를 걷어차고 아무런 망설임 없이 간호사의 발 밑에 오뚝 서는 것이 아니겠습니까!

"어머, 안녕?"

간호사가 티그에게 인사를 했습니다.

"너 오늘 데니를 보러왔니?"

나는 엄마로서 생각이 짧았음을 정중히 사과했습니다.

"아이가 고양이를 보면 조금이라도 기력을 회복할 것 같았어요. 만약 저희가 문제를 일으켰다면 너무 죄송합니다."

그 간호사는 고맙게도 우리를 보며 상냥하게 웃어 보였습니다.

"괜찮아요. 환자 가족이면 누구라도 그렇게 생각하지요. 하지만 데니를 위해서 이번 한번으로 만족해 주세요."

정말 사랑의 마음으로 아픈 사람을 돌보는 간호사라는 걸 알 수 있었습니다. 그녀는 다시 한번 환한 미소를 남기고 병실을 나갔습니다.

그 한 주는 매우 빨리 지나갔습니다. 고양이 덕분인지 상냥한 간호사 덕분인지 이제 데니의 혈액 수치는 거의 정상에 가까울 정도로 급속히 회복되었습니다.

이 어둠을 비추는 진실한 사랑의 빛에 우리 아이를 데려다 주시니 감사합니다. 생명을 보호하려 애쓰는 사람들의 미소는 그 어떤 절망과 고통의 순간도 밝은 빛으로 환하게 타오르게 합니다. 우리가 그 사랑을 기억하고 아프고 소외된 사람들을 위해 항상 기도하며 살 수 있도록 도와주세요.
| 도나 맥도날의 *아름다운 소망* |

내 마음 옆에 있는 너

나는 어제 사람들이 분주하게 움직이는 슈퍼마켓 한가운데에 꼼짝없이 서 있어야 했습니다. 그 날은 내 생애에 있어서 최악의 날인 것만 같았습니다. 집에 있다가 잠깐 슈퍼마켓에 나왔을 뿐인데, 양쪽 발에서 쥐가 나서 거의 움직일 수조차 없는 상태가 되었던 것입니다.

나는 임신한 후로 몸무게는 그 전보다 15킬로그램이나 더 불어나 있었고, 이미 분만 예정일을 지나 완전히 만삭의 몸이었습니다. 아침마다 찾아오는 통증 때문에 너무 힘들었고 고통은 거의 하루 종일 지속되었습니다.

이런 상황은 내가 생각하고 있던 임신부의 모습이 결코 아니었습니다.

무슨 일이 터지면 얼굴부터 빨개지는 우리 엄마도 여섯 형제를 무사히 낳았고, 외할머니는 열여섯 명의 손자들이 세상에 태어날 때마다 기분이 좋아서, 평상시 가게에서 종일 분주히 뛰어다니면서도 좋아하셨습니다. 두 분은 내가 낳을 아기를 안아볼 수 있다는 기대감에 부풀어 계셨고, 임신은 건강하고 행복한 여자라면 누구나 경험하게 되는 생의 경이로움이라고 말씀하셨습니다.

물론 내가 본 수많은 여성지의 임신부를 위한 테마 기사나 모성애를 보여주는 광고에서도, '미래의 엄마가 될 여성'들은 헤어스타일은 말할 것도 없고 심지어는 하이힐도 신고 있는 완벽한 모습이었습니다.

그 당시만 해도 나 역시 임신한 친구들을 보면서 같은 기대를 하고 있었습니다. 나와 분만 예정일이 거의 같은 직장 동료는 출산하기 직전까지 일을 했습니다. 이웃집 여자도 임신을 하고 9개월 내내 하고 싶어하는 일들을 대부분 하고 살았습니다. 나에게 그 모습들은 모두 완벽하게 아름다워 보였습니다. 그들은 단 1분도 아프지 않았으면서도 모두 건강한 아기를 낳았습니다.

하지만 나는 아직도 임신 중이고, 너무 힘들고 몸이 부어서 내 발이나 다리가 어떻게 생겼는지조차 잊어버린 지 오래되었습니다. 내가 입을 수 있는 옷은 오직 텐트처럼 헐렁한 치마바지 같은 것들 뿐이었습니다. 직장도 몇 개월 만에 그만두어야 했고, 교회의 성가대에 나가는 것도 그만두어야 했습니다. 나는 거의 희망을 상실하고 있었습니다.

급기야 친구들도 나를 두고 놀리기 시작했습니다.

"대체 넌 분만 예정일이 언제니? 잘못 안 거 아냐?"

심지어는 의사 선생님도 마치 내가 무슨 잘못이라도 한 것처럼 나를 뾰로통하게 쳐다보았습니다.

가을인데 여름 날씨처럼 무더운 요즘, 나는 찜통 같은 아파트에서 비참하게도 얼음이 들어 있는 양동이에 발을 담그고 있어야 했습니다. 어딘가를 가는 일은 고문에 가까웠습니다.

그런데 어제 큰맘먹고 잠깐 슈퍼마켓에 나갔다가 기어이 일을 저지르고 말았던 것입니다. 갑자기 다리에 쥐가 나서 어쩔 줄 모르고 서 있었는데 그게 하필 사람들이 오가는 길 한가운데에 쇼핑 카트를 세워놓고 서 있었던 것입니다.

'난 분명히 해낼 수 있을 거야.'

이런 나의 기대는 여지없이 무너져 내렸습니다. 내 얼굴은 금방 새빨개졌고 나는 사람들이 쇼핑하는 가운데에 서서 그들의 쇼핑을 방해했다는 사실을 확인하고 싶지 않은 마음뿐이었습니다.

잠시 후 내 귀에 어린 소녀의 목소리가 들렸습니다.

"엄마, 저 여자는 왜 저렇게 우스운 모습을 하고 있는 거예요?"

나는 눈을 질끈 감았습니다. 그 상황에서 눈물만은 보이고 싶지 않았기 때문이었습니다. 산처럼 부른 배를 하고 사람들의 길을 가로막고 서 있는 내 모습이 얼마나 끔찍한지 생각하고 싶지도 않았습니다.

'오 제발! 이건 정말 악몽이야! 왜 아무도 내 기분을 풀어주기 위해 작은 위로의 말도 건네주지 않는 걸까? 난 다시는 평범한 몸이 될 수 없는 게 아닐까? 아기를 팔로 안아볼 날은 영원히 오지 않는 걸까?'

그런 생각에 빠져 있을 때 소녀의 엄마가 말하는 소리가 들려 왔습니다. 난 아마도 그 말을 영원히 잊지 못할 것입니다.

"애야, 그것은 하느님이 아기가 엄마의 심장과 가장 가까운 곳에 머물 수 있도록 만들어주셔서 그런 거란다!"

그 순간 나는 눈을 떴습니다. 그 엄마와 딸은 벌써 어디론가 가고 없었습니다. 어느새 쥐가 났던 한쪽 발도 원래 상태로 돌아와 있었습니다.

너무나도 힘들었던 그 마지막 순간에 그 말은 큰 축복을 내려주었습니다. 나는 그 다음날 너무나도 사랑스런 첫아기를 팔에 안아볼 수 있었습니다.

나는 아주 오랫동안 그 소녀의 엄마가 했던 말을 기억했습니다. 그녀의 말은 너무나도 옳았습니다. 내가 아이 셋을 낳아 기르면서, 그 아이들이 기쁨과 행복을 줄 때나, 아프거나 투정을 부릴 때도 그 축복의 말은 잊혀지지 않았습니다.

이 세상 엄마들은 아이들이 태어난 후에도 그 작고 소중한 아이들을 심장에서 가장 가까운 곳에 항상 데리고 있습니다. 그 아이들이 완전히 어른이 되어 자신들의 아이를 가지게 되는 그 날에 우리 엄마들의 삶은 아름답게 이어질 것입니다.

> 우리 엄마들의 뜨거운 심장과 가장 가까운 곳에 아이가 숨쉴 수 있는 자리를 만들어주시고 그 생명의 힘을 함께 나눌 수 있도록 허락해 주세요. 아이들이 내 사랑을 먹고 자라며 다른 사람에게 그 사랑을 나누며 자랄 수 있도록 도와주세요. 어느 날 내가 할 수 없는 일을 만나 힘들어하고 포기할 순간이 왔을 때 그것을 물리칠 수 있는 힘을 주세요.
> | 보니 컴프톤 핸슨의 *아름다운 소망* |

최고의 선물

가장 중요한 선물이 무엇인지 아시나요? 내 딸 로라는 비록 휠체어에 앉아서 생활하고, 말도 잘 할 수 없지만 나에게 그런 선물을 자주 준답니다.

때때로 나는 좋은 의도를 가지고 내 딸에 대해 이것저것 물어보는 사람들 때문에 힘들어지기도 합니다. 여자들이 모여서 이야기를 나눌 때면 언제나 "아이는 몇 명이에요?"와 같은 평범한 질문으로 이야기를 시작하게 마련입니다.

나는 사람들을 만나서 장애가 있는 딸아이가 있다는 말은 되도록 하지 않으려고 합니다. 왜냐하면 보통 나에게 질문을 하는 그 사람들은 내가 가지고 있는 문제에 대해 어떻게 대처해야 할지 감정적으로 준비가 되어 있지 않은 상태이기 때문입니다.

그런데 사람들은 "아이가 있으세요?"라고 묻고 나서는, 다음 질문으로 "딸은 어느 학교에 다니고 있어요?"라고 물어보기 마련입니다. 그리고 불행하게도 그 질문은 너무도 예리하기 때문에 내 마음의 빗장을 열어 이야기를 혼돈 속으로 빠지게 만드는 경우가 종종 있습니다. 그럴 때 나는 이렇게 설명하지요.

"로라는 학교를 두 군데 다니고 있어요. 하나는 특별한 도움을 필요로 하는 아이들이 다니는 학교구요, 하나는 일반 학교예요."

나는 속으로 우거지상을 짓습니다. 그러나 정말 내 얼굴이 그렇게 보이기 전에 나는 이미 설명할 준비를 마쳐야 합니다. 왜냐하면 다음에 무슨 일들이 생겨날지 알고 있으니까요.

"로라는 아주 귀엽고 행복하게 지내고 있어요. 하지만 조금 장애가 있어요."

"무슨 일이 있었어요?"

"18개월 때 차 사고를 당했거든요."

사람들의 얼굴에 충격을 받았다는 표정이 역력해집니다. 그리고 지금은 괜찮은지 몹시 궁금해하면서 "지금은 괜찮은가요?"라고 물어옵니다.

이 질문은 내게 있어서 아주 어려운 문제입니다. 물론 난 로라가 괜찮다고 생각합니다. 그 아이가 장애를 가진 유일한 아이는 아니라고 생각하니까요. 그리고 나는 그런 질문을 하는 사람들이 장애를 가진 사람들을 잘 이해하지 못한다는 사실도 알고 있습니다. 그래서 "예, 로라는 휠체어를 타요."라고 대답할 뿐입니다.

그런데 이상하게도 그러면 더욱 궁금증을 느낀 사람들이 생기고 그들은 또다시 이렇게 물어옵니다.

"그렇지만 말을 하거나 그 밖에 별다른 문제는 없지요?"

난 이럴 때 한숨이 나옵니다. 이젠 더 이상 빠져나갈 길이 없습니다.

"아니요, 말을 잘 못해요. 하지만 입 모양을 읽기 때문에 서로 의사소통을 할 수 있답니다."

이야기가 여기까지 진행되고 나면 나에게 질문을 했던 사람들도 더 이상 할말을 잃습니다. 그래서 오히려 내가 그 사람들의 마음을 다독거려주는 입장이 됩니다.

"하지만 로라는 작고 행복한 아이고 즐겁게 살고 있어요."

사람들은 말없이 고개를 끄덕이며 마치 그것에 대해 할말이 없다는 듯이 한 걸음 물러섭니다. 난 그들에게 내 아이를 이해시키기 위해 다가갑니다.

"그 아이는 정말 행복해요. 그리고 친구도 많아요."

사람들은 내 얘기를 듣고 한숨으로 답합니다.

"오, 당신을 엄마로 두었다니 정말 다행이군요."

난 웃음을 지어 보이며 이렇게 마침표를 찍습니다.

"오히려 내가 너무나 예쁜 우리 딸의 엄마가 된 게 더 행운이지요!"

내게 질문했던 사람들은 인사를 건네며 떠나지만, 나는 아직도 불안한 마음이 가시지 않은 상태입니다. 만약에 내가 로라가 살아가는 방식도 나름대로 의미가 있다는 것을 제대로 잘 설명할 수 있다면, 사람들이 그 아이의 생활을 좀더 이해할 수 있었을까요? 하지만 불행하게도 우리 사회는 아직도 사랑밖에 줄 수 없는 삶이 어떠한 가치를 지니는지에 대해서 잘 모릅니다.

나는 그저 몸이 성한 사람이 편하게 주는 선물보다 로라가 준 사랑의 선물이 이 세상 어떤 선물보다도 귀합니다. 내게는 사랑을 받을 뿐만 아니라 주위에 있는 모두에게 사랑을 전하는 너무 예쁜 아이가 있습니다. 어쩌면 난 누군가의 '엄마' 라는 것 이상으로 운이 좋은 사람인지도 모릅니다.

> 보통 사람들이 이해할 수 있는 방식으로 내 딸 로라의 삶을 확실하게 설명하는 일이 아직은 어렵군요. 삶에서 가장 소중한 것이 무엇인지 알게 하시고, 내가 사랑하는 사람들의 삶을 이해할 수 있도록 도와주세요. 세상 사람들에게 가까이 다가갈 수 있기를 바랍니다. 그들에게 내 사랑을 온전히 표현할 수 있도록 도와주세요.
> | 린다 에반스 셰퍼드의 *아름다운 소망* |

나는 누구일까요?

나는 허리가 고무줄로 된 헐렁한 바지를 입고 있습니다. 겉옷 주머니에는 반쯤 먹다만 딸기 빵이 부서진 채로 들어 있습니다. 나는 모든 자장가를 처음부터 끝까지 알고 있습니다. 그리고 아이들의 낮잠 시간을 위해 살고 있다고 해도 과언이 아닙니다.

나는 손가락에 침을 발라서 아이들의 입술 옆에 묻은 초콜릿을 닦아줍니다. 아이들의 지저분한 귓속도 잘 파냅니다. 잘 아는 의사 선생님에게 아이들의 얼굴에 난 뾰루지를 보여주고 내 셔츠로 그 아이들의 코를 닦아줍니다.

아마 시장에서 나를 보신 적이 있을 것입니다. 내 셔츠 어깨는 항상 얼룩이 져 있습니다. 아이들이 침을 흘려서 그래요. 그리고 셔츠에는 더러운 발자국이 묻어 있는데 아이들이 식료품 카트에 앉은 채로 계속해서 나를 발로 차서 생긴 것들입니다. 나는 아이들이 큰 소리로 다음과 같이 물어보면 할말이 없어집니다.

"오늘도 똑같은 밥을 먹어야 해?"

혹시 쇼핑센터에서 우는 아이를 태운 유모차를 본 적이 있을 것입니다. 아이가 유모차에서 빠져 나오려고 기를 쓰고 있는 동안, 나는 그 애를 움직일 수 없게 기발한 조치를 취해 놓습니다. 그 다음 동시에 10군데도 더 넘게 돌아다닐 수 있는 나머지 한 아이를 쫓아가 기어코 잡아올 수 있습니다.

나는 앞으로는 절대로 가지고 다니지 않을 것이라고 아이에게 미리 다짐해 놓고서도 닳아빠진 담요와 양배추 헝겊 인형을 계속 가지고 다닙니다.

"손대지 마! 손대지 말랬지. 손대지 말라니까!"

나는 이렇게 큰소리를 지릅니다. 나는 누구일까요?

나는 어쩌면 멍해 보이는 외모를 가지고 있습니다. 그리고 내 뒤를 졸졸 따라다니는 아이들에게 아마 하루에 한 백 번쯤은 똑같은 대답을 할 것입니다.

"엄마는 벌레가 뭘 먹고사는지 몰라."

"엄마는 키다리아저씨의 키가 얼마나 큰지 몰라."

나는 대낮에 샤워를 할 수 있는 것이 천만 다행이라고 생각합니다. 나는 아이가 아침에 남긴 지저분한 토스트를 먹습니다. 아이가 남긴 우유에는 먹다 흘린 크래커 가루가 둥둥 떠 있는데도 난 아무 거리낌없이 그 우유를 마십니다. 그리고 아무도 먹으려 하지 않는 딱딱한 빵 껍질을 먹습니다.

　이제 이가 나기 시작하는 아이 때문에 밤 동안 내내 깨어 있어서 아침에는 충혈된 눈을 하고 있고, 아무것도 먹으려 하지 않은 걸음마쟁이 아이를 걱정하느라 눈에는 눈물이 찔끔거립니다. 아이는 내 머리에 침과 오트밀을 뱉어놓습니다.

　나는 마지막으로 하룻밤을 꼬박 푹 자고 일어나 뜨거운 커피를 마셨던 게 언제였는지 기억나지 않습니다. 내가 가장 최근에 읽은 책은 6개월 전에 읽은 『굿 나잇 문』이었습니다. 사실 나는 그 책을 읽으면서도 한 문장도 제대로 읽을 수가 없었습니다.

　나는 남편을 사랑합니다. 그러나……아, 하품이 나오는군요. 나에게는 현명한 면도 있습니다. 어떤 날은 우주의 가장 은밀한 순간을 생각하면서 살기도 합니다. 또 어떤 날 내 가슴은 로저 무어를 보면서 콩닥거리고, 그도 아마 나를 보면 그런 식으로 좋아할 것이라고 믿고 있습니다.

　나는 친구와 함께 세상 돌아가는 일을 이야기했던 때를 기억합니다. 우리는 인생의 의미와 사랑에 관해서 많은 이야기를 나누었습니다. 그러나 지금은 천으로 된 기저귀가 좋은지 일회용 기저귀가 좋은지, 젖꼭지가 좋은지 손가락을 빨도록 내버려두는 게 좋은지 진지하게 이야기합니다. 아이들을 위한 좋은 용변 훈련법은 없는지에 대해서 몇 시간이고 이야기를 합니다.

아마 교회에서도 나를 본 적이 있을 것입니다. 때때로 나는 치마를 거꾸로 입거나 옷이 말려 올라가기도 하고 그냥 뒤집어 입기도 합니다. 나는 아이들의 손을 잡고 나와는 차원이 다르게 옷을 차려 입고 나온 여자들을 구경하느라 자주 내 외모가 어떤지 확인하는 일을 깜빡 잊어버립니다.

나는 사람들이 내 성을 모른다는 것을 알고 있습니다. 나는 그냥 딱 하나의 이름 밖에 가지고 있지 않습니다. 오직 나를 부르는 소리는 "엄마, 엄마!"입니다. 나는 그 소리에 하루에 백 번도 더 넘게 대답합니다. 솔직히 나도 내 성이 뭔지 잊고 삽니다. 왜냐하면 사용한 지가 너무 오래 되었기 때문입니다. 말을 할 때 나는 간단히 '엄마' 라는 말로 모든 걸 대신합니다.

"엄마가 고양이 귀 잡아당기지 말라고 말했잖아."

"지금 엄마 귀는 네가 낑낑 대는 소리를 못 듣는다."

"그래 맞아. 엄마는 지금 화났어."

"엄마가 맴매할 거야."

하지만 나에게도 좋은 시절이 있었습니다. 벽에 오트밀이 발라 있지도 않았고 고양이가 화장실 아닌 곳에서 볼 일을 보지도 않았고, 온 가족이 동시에 잠을 잘 수 있었던 시기였습니다.

나는 오늘도 아픈 아이들을 간호하면서 동시에 저녁 식사를 준비하고, 전화를 받고, 빨래를 개고, 오프라가 진행하는 프로를 봅니다. 이 세상에서 내가 누구인지 우리 남편과 아이들은 너무 잘 알고 있습니다. 그렇습니다. 나는 엄마입니다. 내가 '엄마' 라는 사실을 증명하기 위해서 남편의 아메리칸 엑스프레스 카드를 쓸 필요는 없습니다.

> 나는 엄마입니다. 내가 나의 작은 양들에게 풀을 먹이고, 사랑을 주고, 따뜻하게 옷을 입힐 수 있도록 도와주세요. 내가 삶의 싸움터에서 벗어나 쉴 수 있는 보금자리가 될 수 있도록 도와주세요. 나를 사랑이 가득한 엄마가 되게 하세요. 어린 양떼들을 시원한 물가와 푸른 초원과 지혜가 있는 곳으로 이끌 수 있도록 도와주세요.
> | 낸시 케네디의 아름다운 소망 |

슈퍼 엄마의 하루

아침 설거지를 막 끝내고 있는데 캐리가 전화를 걸어 왔습니다. 그녀의 아침 수다가 시작된 것입니다.

"피자 집은 아마 한 조각이라도 우리 집까지 배달해 줄걸? 피자 가게에 팝 타트(흔하게 먹는 파이로, 특히 아침에 즐겨먹는 파이를 말함)만 있었어도 세상은 정말 완벽해질 텐데……."

캐리는 자기 집에 다이어트 치즈가 다 떨어졌는데 슈퍼에 가기 귀찮고 해서 아예 피자를 시켜 아이들을 먹였다는 이야기를 아주 자랑스럽게 떠들어댔습니다. 그녀는 정말 대단한 친구입니다.

"넌 어쩌면 그렇게 게으를 수 있니?"

나는 캐리에게 나무라는 투로 물었습니다.

"그래, 슈퍼 엄마, 또 시작이군. 너는 균형 잡힌 식사를 위해 토마토 조각 하나까지도 힘들게 준비하는데, 나는 그냥 현관문만 열어주면 되니까 질투가 나는 거지? 아니라고 말할 수 있어?"

캐리는 항상 나를 '슈퍼 엄마'라고 불렀습니다. 그녀는 내가 뭐라고 잔소리를 하면 항상 그렇게 빈정거리는 말투로 나에게 쏘아붙였습니다. 물론 캐리도 자기 나름대로 할말은 있을 겁니다.

오늘은 수요일입니다. 남편은 지방출장을 떠난 상태였고 나는 계단에서 넘어져 발가락이 부러진 상태였지만, 저녁에 두 아이를 데리고 교회에 갔습니다. 그러한 작은 불편을 이기지 못하고 집에 있을 내가 아니었습니다. 혹시 누군가는 내가 아무것도 하지 못하고 집에만 있을 것이라고 생각하겠죠. 누군가가 나를 과소 평가할 수 있겠죠. 아니면 이까짓 일로 내가 스스로를 과소 평가할까요? 아니요, 절대 그럴 수 없습니다.

하지만 예배가 시작되고 목사님의 설교가 거의 끝나갈 무렵 그러한 마음이 꺾이고 있었습니다. 내가 집을 지키고 아이 기르는 일에 빠진 나머지 너무 경직되었던 것은 아닐까, 부러진 발가락으로 절뚝거리면서도 반드시 저녁 시장을 봐야 한다는 것은 쓸데없는 고집이 아닐까, 하는 생각이 들었던 것입니다.

생각해 보면 때로는 그것보다 쉬운 방법이 있었을 텐데, 너무나도 내 자신을 혹독하게 몰아세웠던 것 같았습니다.

'정말 효율적으로, 능숙하게 살림을 해 나가는 주부라면, 만약을 위해 분유를 준비해 두지 않았을까? 만약 우리가 이런 시골마을에

살지 않았더라면, 그래서 우리 집도 피자를 배달시킬 수 있었다면 어떻게 했을까?'

나는 별의별 생각이 다 들었습니다.

'피자를 배달시키면서 그 사람 편에 우유를 시킬 수도 있을 텐데……. 난 어쩌면 스스로를 너무 벼랑으로 몰아가는지도 몰라.'

나는 그만 고개를 저었습니다. 아, 어떻게 이런 나쁜 생각을 떠올릴 수 있는 것일까요?

"그래, 난 캐리처럼 될 수 없어. 캐리가 될 수는 없어."

나는 사람들과 눈을 마주치지 않도록 노력하면서 교회에서 아이들을 데리고 나가기 위해 서둘렀습니다. 하지만 식은땀이 등줄기를 타고 흘러내렸고 이유도 없이 마음이 불안해졌습니다. 꼭 모든 사람들이 나를 두고 이렇게 말하는 것처럼 들렸습니다.

"저 봐, 저 여자 집에는 우유도 없대. 그리고 피자 배달을 시키면 어떨까 하고 궁리를 한대, 글쎄."

그리고 나서 사람들이 머리를 흔들면서 안됐다는 표정으로 아이들을 보면서 이렇게 말하는 것 같았습니다.

"참 애들이 불쌍하지."

왜 자꾸 이런 쓸데없는 생각이 나는 걸까요? 나는 아이들의 손을 잡고 차를 향해 걸어가면서, 누군가에게 정신이 나도록 한 대 맞는다거나 무섭게 꾸지람을 당하고 나면, 다시 원래 살았던 방식대로 슈퍼 엄마가 되는 길은 오직 하나뿐이라는 사실을 확신할 수 있을 것 같았습니다.

'나는 제대로 엄마 일을 해야 돼. 식료품 가게로 힘찬 발걸음을……'

하지만 그런 다짐은 점점 희미해지기 시작했습니다. 그리고 어느새 내가 아이들과 이상한 곳에 와 있다는 것을 깨달았습니다.

'안 돼, 이러면 안 돼.'

어떻게 내가 여기까지 오게 되었을까요? 나는 빨리 정신을 차려서 이 자리를 빠져나가야 한다고 생각했습니다. 조금 전까지 내 머릿속에서 요동치던 열기가 그만 자제력을 빼앗아간 것 같았습니다. 이윽고 멈칫거리고 있는 나를 향해, 한 다정한 목소리가 이렇게 말하고 있었습니다.

"저 손님, 햄버거 하고 우유 3개 주문하신 거 맞나요?"

내가 더 좋은 엄마가 될 수 있도록 많은 경험을 할 수 있게 도와주세요. 풍부한 경험을 갖게 하시고 내 실수를 거울삼아 아이들에게 최고의 조언을 할 수 있기를 바랍니다. 내가 가야 할 길을 가면서 아이들을 제대로 지도할 수 있도록 도와주세요.

| 칼라 에드리스턴의 아름다운 소망 |

모자를 쓰는 아이

아들이 열여섯 살이 되었을 때, 우리 가족은 2년째 그 아이의 맨머리를 볼 수 없었습니다. 왜냐하면 항상 어디를 가든지 아스트로 야구모자를 쓰고 있었기 때문이지요. 심지어는 자고 있는 동안에도 그 모자를 쓰고 있었어요. 이유는 간단했습니다.

"머리카락이 제자리에 있어야 하니까요."

어느 날 아들이 크로스컨트리 경기에 참가했을 때의 일입니다. 이제 곧 뛰어나갈 준비를 하는 동안에도 그 모자는 여전히 그 애 머리 위에 있었습니다. 그런데 잠시 후 출발선으로 나가기 직전에 그 애가 재빨리 나에게 그 모자를 건네주는 것이었습니다. 나는 순간적으로 그 모자를 받아들고 서 있었습니다. 물론 그것도 경기가 끝날 때까지 뿐이었습니다. 크로스컨트리 경기가 끝나자마자 아들은 무슨 큰일이라도 난 것처럼 나에게 달려와선 모자를 뺏어가더니 다시 머리에 푹 눌러쓰는 것이 아닙니까!

그리고 어느 날은 미식축구 경기 중간에 악단이 행진을 했는데, 아들은 깃털 장식이 달린 우스운 악단 모자를 쓰고 있었습니다. 하지만 행진이 끝나고 스탠드로 돌아오자마자 그 깃털 모자를 벗어버리고는 끔찍이도 아끼는 아스트로 야구모자를 다시 눌러쓰고야 말았습니다.

나는 이후에도 그 야구모자 밑에서 우리 아들이 어떻게 자라고 있는지 너무도 보고 싶었습니다. 그런데 얼마 후, 아들이 아르바이트 일자리를 알아보기로 결심했다는 말을 듣고 내 마음은 너무나 들떴습니다. 혹시 유니폼을 입는 직장이라면 더 이상 모자가 어울리지 않겠지? 나는 여기저기로, 자신이 할 수 있는 일이라면 무엇이건 알아보고 다니고 있을 아들의 모습을 떠올렸습니다. 그 애는 면접사원에게 이렇게 말하겠지요.

"선생님, 제가 한 가지 궁금한 게 있는데요, 회사에서 모자 쓰는 걸 금지한다는 것이 사실인가요?"

내가 그토록 기원해서였을까요, 아들은 백화점에 있는 근사한 의류매장에서 일을 하게 되었습니다. 아들은 멋진 셔츠에 넥타이를 매고 양복을 갖춰 입어야 했지요. 좋았어! 더 이상 야구모자를 못 쓰겠구나!

그런데 다음날 아침에 학교에 가려고 옷을 입는 아들을 보니 그 야구모자를 다시 눌러쓰는 것이 아닙니까. 내 기대는 완전히 빗나간 걸까요?

"그렇게 모자를 쓰면 오후에는 머리스타일이 형편없이 눌리지 않을까?"

"상관없어요 엄마. 집에 와서 바로 샤워하고 나갈 거예요."

나는 열여섯 살짜리 아이가, 모자를 안 쓰니 차라리 샤워를 한 번 더 하겠다고 말하는 상황을 도저히 믿을 수가 없었습니다.

오후가 되어 학교에서 돌아온 그 애가 첫 출근을 하기 위해 2층 계단을 내려왔을 때 아들의 모습은 믿을 수 없을 정도로 깔끔해져 있었습니다. 난 아들을 다시 한번 쳐다보았습니다.

'저 아이가 내 아들 맞나?'

2년 동안 꾀죄죄했던 얼굴은 다 어디로 가버리고 없었습니다. 한 손에는 담요를 쥐고 다른 한 손에는 공을 쥐고 있던 아이가 이제는 완전히 신사가 되어 있었습니다. 셔츠랑 넥타이랑 양복을 갖춰 입은 아들은 완전히 딴 사람이 되어, 나를 향해 부드럽고 친절하게 미소짓고 있었습니다. 아름다운 갈색 머리칼은 이마에 흘러내려 반짝이고 있었죠. 그 모습은 나의 감탄을 자아내기에 손색이 없었습니다.

나는 아들에게 지금 네가 얼마나 멋있어 보이는지 아느냐고 물었습니다. 그러자 그 애는 멋쩍게 웃으면서 "엄마 왜 그러세요."라고 말했는데, 난 그 말만으로도 충분히 행복했습니다.

나는 우리 아들의 이야기가 여기서 끝나지 않는다는 사실을 알고 있습니다. 언젠가 예쁜 숙녀가 나타나서 그 애가 더 멋있게 옷을 차려입도록 만들 것이고, 공원 벤치에서 기다리게 만들 것이란 것도 알고 있습니다. 정말 그런 날이 다가오면 물론 행복하겠지만, 야구모자에 눌린 머리를 더 이상 볼 수 없으니 조금은 슬퍼질지도 모릅니다.

그러나 아마 영원히 그렇게 슬프지는 않을 겁니다. 미래의 어느 날 내 손자도, 또 그 아이의 아들도, 아마 분명히 야구모자를 머리에 꾹 눌러쓰고 내 앞에 나타날 테니까요.

아이들은 약속입니다. 희망에 대한 약속이고 미래에 대한 약속입니다. 내게 너무나 훌륭한 아이를 보내주셔서 감사합니다. 나는 그 아이가 내 품안에 있는 시간이 잠깐 동안이라는 것을 알고 있습니다. 어른이 된다는 것, 그리고 어른이 되면 자신이 알고 있는 모든 사람을 축복해야 한다는 사실을 아이가 깨달을 수 있도록 도와주세요.
| 도나 브레이머의 아름다운 소망 |

모든 것을 이기는 것은 사랑

남편은 작은 교회의 목사직을 바로 수락했습니다. 교회사택으로 이사를 한 주말에 사회복지사로 일하고 있는 맏딸 데비가 우리를 찾아왔습니다. 데비는 자신이 만나온 많은 아이들에 대해 이야기했는데, 그 아이들은 모두 사랑이 필요했고 계속해서 머물 수 있는 집이 필요하다고 했습니다.

"엄마, 아빠, 혹시 양부모가 되는 것 어떠세요?"

"우리가? 애야, 말도 안 돼!"

우리 아이들 중 큰애와 둘째는 이미 집을 떠나 독립했지만 아직 남아 있는 두 아이들은 겨우 십대였습니다. 우리는 도저히 다른 아이를 기를 수 없었습니다.

그러나 데비가 돌아간 후, 남편과 나는 딸의 제안을 머릿속에서 떨쳐버릴 수가 없었습니다. 결국 어린이복지회관에 신청서를 제출하기로 마음을 먹었습니다. 우리는 대략 열 살 정도된 아이 하나를 맡을 생각이었습니다.

3주가 지난 어느 날 아침, 청소기로 카펫을 청소하고 있을 때 전화벨이 울렸습니다. 어린이복지회관에서 한 직원이 다급한 목소리로 전화를 걸어왔던 것입니다.

"6개월 된 여자아이와 세 살 된 오빠가 있는데 급하게 소개할 수 있는 곳이 필요해서 전화 드렸어요!"

"예? 우리요? 우린 안 되는데요."

"다시 생각해 보실 수는 없나요?"

"네, 남편과 이야기해 볼게요. 내일 아침에 전화 드리겠습니다."

전화를 끊고 나서도 정신이 없더군요. 왜 생각해 보겠다고 말을 한 걸까요. 진퇴양난이 따로 없었습니다. 남편이 오후 늦게 집으로 돌아온 후 이야기를 나누었습니다. 우리는 그 아이들의 딱한 사정을 외면할 수 없었습니다.

다음날 아침 나는 그 사회복지사에게 전화를 했습니다.

"우리가 그 아이들을 맡겠어요. 잘 보살필 수 있을지 모르겠지만 한번 노력해 보겠습니다."

사회복지사는 너무나 기뻐했습니다.

"정말이요? 내일 오후 4시에 데리고 가겠습니다. 그런데 작은 아이는 이탈리아 음식을 좋아한답니다."

다음날 나는 아이들을 위해 방을 준비해 두었고, 저녁에 먹을 스파게티를 만들어 놓았습니다. 검은색 머리를 한 귀여운 아이들이 우리 집에 나타나길 기대하면서 말이지요. 그 날 오후, 밝은 빨간색 도요타승용차가 우리 집 앞마당에 주차했습니다. 내 눈은 차의 뒷좌석에 고정되었습니다. 모자를 쓴 머리가 들쭉날쭉 움직이고 있었습니다.

그 날부터 우리 식구들은 그 아이들과 사랑에 빠졌습니다. 빌리는 활달하고 눈빛이 밝은 귀여운 소년으로 뭔가 특별한 개성을 가지고 있는 아이였습니다. 여동생인 코니는 감정을 억제하는 아이로 성장이 약간 지체된 아이였습니다. 나는 코니가 우리 집에 도착한 날 아침에야 연약한 양쪽 팔에서 깁스를 풀었고, 아이들이 아동학대를 당했다는 사실을 알게 되었습니다. 사회복지사가 하는 말을 듣고, 우리 부부는 너무나 놀랐습니다.

시간이 지날수록 우린 빌리와 코니에게 더욱 애착을 갖게 되었고, 가능하다면 그 아이들을 양자로 삼고 싶었습니다. 나는 그 아이들의 엄마와 아빠에게 매우 화가 났습니다. 그들을 한 번 만날 수 있다면 아이들에게 한 짓이 얼마나 큰 죄악인지, 아이들에게 얼마 큰 상처를 주었는지 꼭 이야기해 주고 싶었습니다.

어느덧 2년의 세월이 지났습니다. 빌리와 코니는 우리의 사랑과 도움 아래서 잘 자라 주었습니다. 빌리는 남편과 함께 작은 교회문에 서서 모임에 참석하기 위해 들어오는 사람들에게 인사하는 것을 너무나 좋아했습니다. 빌리는 바른 자세로 서서 "오늘 교회에 오셔서 너무 좋아요."라며 사람들에게 손을 내밀었습니다.

성장이 더뎠던 코니는 언니 오빠들로부터 지대한 관심과 격려를 받으며 자라났습니다. 18개월쯤 되어 코니가 처음으로 걸었을 때 우리는 환호성을 지르며 기뻐했습니다!

그러던 어느 날, 사회복지사가 예고 없이 집으로 찾아왔습니다. 왠지 마음이 편치 않아 보이는 표정이었습니다.

"3일 안에 빌리와 코니가 부모님에게로 돌아가게 될 겁니다."

우리 가족들은 그 말을 도저히 믿을 수 없었습니다. 도대체 '내 아이'를 어디로 보낸단 말입니까! 너무나 슬펐습니다. 어째서 내가 그런 상황을 맞아야 하는지, 왜 빌리와 코니를 아프게 했던 그 나쁜 부모에게 다시 되돌려 보내야 하는 건지 알 수가 없었습니다.

우리 가족은 아이들과 이별해야 한다는 사실을 받아들이기가 너무 힘들었습니다. 하지만 3일이 지나고, 다시 빨간색 도요타승용차가 우리 집에 나타났을 때, 나는 어쩔 수 없이 빌리와 코니를 차에 태울 수밖에 없었습니다. 우리 가족 모두는 작별인사를 하기 위해 외출하지 않고 있었습니다. 차가 커브를 그리며 떠나갈 때 빌리가 우리를 바라보면서 손을 흔들었습니다. 정말이지 너무나 가슴 아픈 순간이었습니다.

그 일이 있은 후 우리는 빌리와 코니를 위해, 그들의 부모를 위해서 기도했습니다. 우리는 그 아이들에게 뭔가 행복한 변화를 가져다 줄 수 있는 봉사자를 보내달라고 기도했습니다.

우리는 그 아이들과 다시는 만날 수 없도록 정해져 있었지만, 사회복지사는 카드나 작은 선물을 어린이복지사무실로 보내면 전달해 주겠다고 했습니다. 발렌타인데이 바로 전날, 우린 빌리와 코니에게 사랑을 담은 선물을 보냈습니다. 하지만 몇 가지 이유 때문에 회신 주소는 쓰지 못한 채 보내지게 되었습니다. 그런데 발렌타인데이가 지난 며칠 후 전화가 왔습니다.

"여보세요?"

"저는 빌리와 코니의 엄마예요."

나는 숨이 막혔습니다.

"혹시 당신이 여길 오고 싶은가 해서요."

그 날 남편과 함께 아이들의 집을 방문했습니다. 우리는 그 날 아이들의 아버지가 감옥에 가 있었고, 아이들의 아빠 엄마 모두 험한 부모들 밑에서 자란 불행한 사람들이라는 사실을 알았습니다. 그들은 상처를 받았고 어느 누구에게도 사랑하는 방법에 대해 배우지도 못했으며, 그들 자신도 전혀 사랑 받지 못한 사람들이었습니다.

내 마음속에서 그 부부에게 가지고 있던 분노와 적개심은 이미 녹아서 없어졌습니다. 대신 그 가족 모두를 진정으로 사랑하는 마음이 생겨났습니다.

요즘 우리는 빌리와 코니의 가족들과 자주 연락을 주고받으며 마치 한 가족처럼 지내고 있습니다. 우리는 지금 빌리와 코니의 숙모와 삼촌이 되었고 다시금 그 아이들의 인생에 있어서 중요한 역할을 할 수 있게 되었습니다.

모든 것을 이기는 것은 사랑뿐입니다. 나는 사랑해야 할 가족이 있고 내 손을 필요로 하는 많은 아이들이 있습니다. 흔들림 없이, 선택의 순간마다 그들의 삶을 이끌어 줄 수 있도록 용기를 주세요. 나는 그 길의 끝을 볼 수 없습니다. 하지만 사랑의 힘으로 그 모든 것을 헤쳐나갈 수 있다는 것을 알고 있습니다.

| 조이 쉘톤의 아름다운 소망 |

사랑을 주는 시간

"싫어!"

세 살 된 딸 다나가 몸부림을 치면서 말했습니다. 내가 안으려고 하니까 나를 밀치면서 울기 시작했습니다. 난 한숨이 나왔습니다. 왜 항상 이런 식일까요?

다나가 보이는 거부반응에 이젠 화가 나려고 했습니다. 나는 딸아이의 양말을 개면서 나와 아이의 관계에 대해 생각했습니다. 다나가 나에게 찰싹 달라붙어서 내 목에 팔을 감고 매달리면 얼마나 좋을까 하고 말입니다. 하지만 그런 일은 절대 일어나지 않았습니다.

"강아지, 강아지."

다나가 가장 좋아하는 책을 흔들면서 나를 향해 아장아장 걸어오면서 고함을 쳤습니다. 나는 놀라서 하던 일을 멈추었습니다.

"오, 그래 우리 아가. 그래 그건 우리 딸의 강아지 책이야."

나는 다나를 쳐다보고 나서, 다 개켜놓은 옷들을 정리하기 위해 서랍을 열었습니다. 그 동안 아이와 함께 정말로 하고 싶어했던 일들을 떠올리면서 말입니다.

　"책, 책."

　다나가 계속 힘주어 말했습니다. 그러더니 갑자기 책으로 내 다리를 탁 내리치는 것이었습니다. 난 속으로 '신은 절대로 나를 그냥 내버려 두시지 않을 거야.' 라고 생각하면서 그 아이의 손에 있던 책을 빼앗기 위해 돌아섰습니다.

　하지만 순간 내 손은 공중에서 멈춰 섰습니다. 나는 다나의 손에서 책을 빼앗는 대신 책을 점잖게 집어 들고 아이를 데리고 소파로 갔습니다. 그 순간, 아이는 기를 쓰며 내 옆에 앉으려 했고 우린 그 책을 함께 읽었습니다.

　다나는 『강아지』 책을 아주 좋아합니다. 그 애는 마음으로 그 책을 이해하고 있었고 각각의 페이지에 있는 대부분의 말들을 아무렇게나 따라했습니다. 그 책을 두 번 읽고 나서 나는 책을 한쪽에 밀어두고 다시 옷 바구니가 있는 곳으로 되돌아왔습니다. 하지만 곧 다나는 다른 책을 가지고 나에게 왔습니다.

　"지금은 안 돼."

　나는 그만 짜증 섞인 한숨이 나왔습니다. 왜냐하면 집안 일이 너무 많았고 사실 저녁을 먹기 전에 그 일들을 모두 끝낼 수 없을 것

같앉기 때문입니다.

그런데 이 말이 채 끝나기도 전에 한 생각이 불현듯 내 머릿속을 스치고 지나갔습니다. 다나와 함께 있고 싶다는 생각에서 시작한 '아이와 함께 책읽기' 같은 일은 정말 포기해서는 안 될 일이라는 생각 말입니다. 나는 아이와 실랑이를 그만두기로 마음먹었습니다. 그리고 아무 미련 없이 바구니에 수건을 다시 내려놓고 다나와 함께 소파로 갔습니다.

우리는 함께 두 번째 다른 책을 읽었고 세 번째 책도 읽었습니다. 그리고 처음 읽었던 『강아지』 책도 한 번 더 읽었습니다. 내가 아이와 책 읽기를 모두 끝냈을 때 다나는 내 무릎위로 기어 올라와 자기가 가장 좋아하는 그림을 손으로 가리켰습니다.

그 날 이후, 우리 사이는 많이 달라졌습니다. 다나가 엄마랑 함께 있고 싶어할 때에는 나는 언제든지 하던 일을 멈추고 아이에게 집중했습니다. 단 몇 분 정도일지라도 말입니다. 물론 난 그랬다고 생각합니다만, 다나가 만족했는지는 알 수 없지요. 때로는 그저 잠깐 아이가 가지고 노는 장난감을 만져주는 정도가 고작일 때도 있었으니까요.

나는 다나와 함께 한 시간 동안 책을 읽기도 하고 가끔은 비누방울을 불면서 놀기도 했습니다. 그리고 인형과 함께 앉아 빵도 먹고 차를 마시기도 했습니다. 그렇게 시간이 지나면서 다나는 내 품에서 몸부림을 친다거나 저항하던 모습 대신에 마음을 열고 엄마인 나를 받아들였습니다.

이십 년이 지난 요즘, 나는 며칠마다 한 번씩 도착하는 딸애의 전화와 이메일을 기다립니다. 다나는 아직도 나와 너무 가깝게 있고, 나에겐 영원히 사랑스런 어린아이랍니다. 다나는 자신이 엄마에게 찾아오거나 전화를 할 때면 여전히 내가 함께 이야기하고 웃고 차를 마시기 위해 시간을 낼 것이란 것을 잘 알고 있습니다.

바쁜 일상 가운데에서 아이를 위해 하던 일을 멈추는 것은 생각보다 어려운 일입니다. 내가 시간을 갖고 아이를 돌볼 수 있도록 기회를 허락해 주세요. 이미 경험했듯이 내 아이를 위해 그리고 다른 힘들게 사는 아이들을 위해 하루의 시간을 할애하는 것은 내가 할 수 있는 최고의 일입니다.
| 낸시 마페오의 아름다운 소망 |

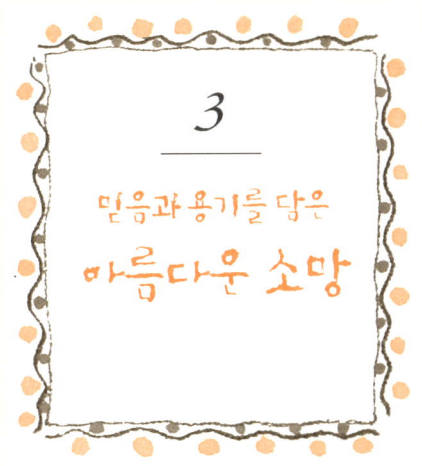

3
믿음과 용기를 담은
아름다운 소망

엄마는 아이가 날 수 있도록 가르쳐주는 천사이다.

그리고 엄마의 믿음은 산도 움직일 수 있고 터널도 뚫을 수 있다.

작자 미상

기도하는 자가 두려움을 말하면 그것은 용기가 된다.

*

칼 바스

나는 할 수 있어

나는 항상 "못 해요!"라고 말하는 아이였습니다. 엄마가 뭐라고 하건 간에 나는 바로 아무데나 주저앉아 우는 소리를 내곤 했습니다.

내가 열 살이 된 어느 날, 저녁에 엄마가 나를 거실로 부르시더니 《TV가이드》를 꺼내 보였습니다. 그 잡지의 표지 모델은 '말로 토마스'라는 배우였는데 인기 있는 시트콤 '그 소녀'에서 한창 주가를 올리고 있었지요. 엄마는 내가 그 시트콤을 제일 좋아하고, 말로라는 배우가 내 우상이라는 것을 잘 알고 있었습니다.

"이 기사 한번 읽어주겠니?"

엄마가 잡지를 펼치고 한 기사 내용을 가리켰습니다. 그것은 이미 내가 읽었던 내용이었습니다.

"이건 말로 토마스에 대한 기사예요. 그녀의 아빠가 시를 가르쳐 주었어요. 그리고 그녀는 항상 '난 못해, 난 못해!' 이렇게 말하곤 했대요. 그녀는 처음엔 자기의 인생을 스스로 바꿀 수 없다고 생각했었어요. 하지만 시가 무엇인지를 배우고 나서 결국 인생을 바꿀 수 있었어요."

나는 엄마가 말로 토마스의 이야기를 꺼내자, 어떤 음모가 있다는 것을 알아챘습니다. 나는 잡지를 들어서 윤기가 나는 페이지를 내려다보았습니다. 사진 속 말로의 웃음은 너무나 눈부셨고, 그녀의 트레이드마크인 어깨까지 닿는 헤어스타일은 정말 완벽했습니다. 그런 것들이 말로를 그토록 멋지게 만들었다는 생각이 들었습니다.

"난 네가 이 시를 외웠으면 한다."

엄마가 엄한 목소리로 말씀하셨습니다. 말로의 사진 옆에는 엄마가 말씀하신 시가 적혀 있었습니다. 그 시는 바로 에드가 A. 게스트가 지은 「난 할 수 있어」였습니다.

"엄마, 전 시를 몰라요. 그리고 이건 너무 길잖아요."

"그렇게 길지 않아. 그리고 넌 이해할 수 있어. 내일 아침까지 완전히 외울 수 있도록 하렴."

나는 엄마의 말을 거절할 수 없었습니다. 엄마는 완전히 우리 동네 골목대장이었어요. 난 엄마가 대단해 보이긴 했지만 엄마의 말을 따르기는 너무 힘들었어요!

"내가 너에게 점프를 하라고 말하면 너는 뛰어보기도 전에 항상

'얼마나 높아요?' 라고 먼저 물어봤잖아?"

나는 잡지를 들고 축 처진 어깨로 방으로 들어왔습니다. 곧이어 침대로 뛰어들어 배를 깔고 누워서 시를 외웠습니다.

"할 수 없다는 말은 희망의 적……."

나는 시 한 행을 읽고 다시 반복하고, 완전히 외웠다고 확신이 들 때까지 계속 반복해서 읽었습니다.

"너의 목표가 무엇이건 계속해서 정진하라……."

그리고 다음날 저녁, 나는 엄마 앞에서 자신 있게 그 시를 암송했습니다.

난 할 수 있어

할 수 없다는 말은 희망의 적
적은 너의 의지를 산산이 부순다.
그것이 노리는 먹이는 의무를 짊어진 사람
그러나 용기 있고 인내심 있고 능력 있는 자에게 고개를 숙인다.
뿌리깊은 그리고 죽지 않는 것을 미워하라,
그것을 한 번 환영했다면 네가 파멸할 때까지 떠나지 않을 것이다.
너의 목표가 무엇이건
계속해서 정진하라!
그 악마에게 말하라 "난 할 수 있어!"

이제 그토록 힘들게 외웠던 그 시는 내 생활의 지침이 되었습니다. 말로는 나를 잘 모르겠지만 그녀의 이야기는 내 인생을 바꿔놓았습니다. "나는 할 수 있어."라는 말은 내가 살면서 최악의 순간을 맞이할 때마다 그 순간을 이겨낼 수 있도록 도와주었습니다. "나는 할 수 있어."라는 말은 나에게 용기를 주었고 그 동안 내가 할 수 없다고 생각했던 일들을 성취할 수 있도록 만들어주었습니다.

내가 열 살 때 그 시로부터 받은 가르침은 내 나이 오십이 될 때까지도 변하지 않을 것이며, 아마 이후로도 아주 오랫동안 내 삶을 지키는 친구가 될 것입니다.

나는 엄마 덕분에 모든 것을 할 수 있게 되었습니다. 엄마는 나를 끊임없이 강하게 만들어주셨지요. 나는 엄마의 믿음과 격려를 통해 모든 것을 할 수 있었습니다. 내가 성공한 사람이 아니라 사랑이 깊은 사람이라는 말을 들을 수 있게 된 것도 엄마 덕분입니다. 내 사랑은 언제나 엄마의 발걸음을 따라가고 있습니다.

| 에바 마리 에버슨의 *아름다운 소망* |

천국의 보물

처음 데이브의 부모님을 만났을 때 나는 그만 데이브의 뒤로 숨고 싶었습니다. 데이브의 아버지는 목사였고 어머니는 성경학교 선생님으로 모두 선교일을 하고 있었습니다. 나는 내가 그분들의 기대에 보답할 능력이 전혀 없다는 것을 단번에 알아챌 수 있었습니다.

나는 엄마가 돌아가시고 난 후 트럭 기사인 괴팍하고 무서운 아버지 밑에서 막 자란 아이였습니다. 이처럼 신앙심과 사랑이 넘치는 가정에서 오랫동안 생활해 온 사람들에게 내가 무슨 말을 할 수 있겠어요? 그런 훌륭한 가정에서 자란 아들과 결혼하려고 하다니 과연 그분들이 나를 좋아할 수 있을까요?

우리는 거실에 오르자마자 그의 어머니와 마주쳤습니다. 그녀는 키가 크고 온화한 인상에 반짝이는 파란색 눈을 하고 있었습니다. 그녀의 웃음은 차가운 내 손을 따뜻하게 녹여주었습니다.

"오늘 이렇게 와 주어서 너무나 기뻐요."

그녀는 아들에게 뭔가 의미 있는 웃음을 보이고는 나를 향해서 웃어 보였습니다.

집안은 안락한 곳이었고 아이들과 갓 구운 고소한 빵 냄새 그리고 사랑으로 가득 차 있었습니다. 내가 이 집에 있다는 것이 마치 즐거운 꿈을 꾸고 있는 것 같은 생각조차 들었습니다. 목사님의 말과 표정에도 웃음이 나왔고 그의 작은 형이 익살맞은 행동을 할 때면 박장대소했습니다. 우린 교회 아이들과 함께 약올리기 게임을 했는데, 얼마나 웃었는지 배가 아플 정도였습니다.

그의 어머니는 마치 들판에 핀 향기로운 꽃처럼 느껴졌습니다. 그녀의 작은 목소리는 나의 외로운 마음을 따뜻하게 만들어주기에 부족함이 없었습니다. 나는 이런 저녁이 영원히 계속되면 얼마나 좋을까 하고 바랐습니다.

그 날 이후 나는 그 어떤 로맨스보다 달콤하고 예쁜 사랑을 시작하게 되었습니다. 하지만 그것은 젊은 남자와의 사랑이 아니라 그 남자를 낳고 기른 아름다운 어머니와 함께 한 사랑이었습니다. 나는 내가 할 수 없는 일을 기대하고 있을까 봐 두려웠지만 오히려 전혀 기대하지도 않았던 소중한 선물을 주었습니다. 그녀는 나와 언제라도 함께 있기를 원했답니다!

데이브가 대학으로 돌아간 후, 그의 어머니와 나는 자주 만남을

가졌습니다. 우리는 다정히 손은 잡고 쇼핑을 가기도 했습니다. 그런 날이면 내게 아이스크림 콘을 사주면서 이미 오래 전에 잊혀진 가족들의 이야기를 들려주었습니다. 나는 주말이면 따뜻한 초대를 받았고, 느긋하게 산책을 하면서 친밀한 대화를 나누었습니다. 그의 어머니는 나의 든든한 조언자가 되었고, 속마음을 털어놓을 수 있는 절친한 친구가 되었습니다.

우리는 결혼을 한 후 시댁 근처에 살았습니다. 나는 결혼과 더불어 최고의 어머니와 정 많은 가족들을 선물로 받았습니다. 그야말로 두 배로 축복을 받은 것입니다. 어머니는 용돈을 모아서 우리 작은 거실에 놓으라고 나무결 무늬가 살아 있는 전기스탠드를 사오셨습니다.

어느덧 우리에게 아이가 하나씩 태어날 때마다 어머니는 더욱 큰 사랑을 베풀어주었습니다. 나에게 있어서 어머니의 존재는, 지친 오후를 밝게 만들어주는 햇살 같은 존재였습니다. 그녀는 절대로 나의 서투른 행동을 먼저 나무라지 않았습니다. 어머니가 내게 주었던 것은 절대적인 사랑이었습니다.

하지만 우리에게 헤어져야 할 순간이 찾아왔습니다. 어머니는 세째 손자가 돌이 되기 전에 동맥경화증이 악화되어 그만 하늘나라로 떠났습니다. 왜 하느님은 그렇게 빨리 어머니를 데려갔을까요?

나는 장례를 치르고도 아주 오랫동안 정말 힘들어했습니다. 나는 사랑하는 사람을 너무 빨리 데리고 가셨다는 사실에 날마다 하느님께 불평을 늘어놓았습니다. 하지만 하느님은 나에게 이렇게 대답해 주셨습니다.

"언젠가 네게 아주 특별한 선물을 주었는데, 그 선물은 대부분의 사람들이 살아가면서 얻을 수 없는 것이다. 비록 아주 짧은 순간이었다고 해도 그것은 영원히 너와 함께 있다."

이제야 알았습니다. 그 동안 내가 얼마나 커다란 축복을 받고 살았는지 이루 다 헤아릴 수 없을 것입니다. 나는 '어머니' 라는 천국의 보물을 선물로 받았던 것입니다.

내가 살면서 간직할 수 있는 보물을 찾게 해 주셔서 감사합니다. 끝없는 사랑과 믿음을 베풀어준 가족과 친구들은 나를 부자로 만들어준 보물입니다. 소중한 그들과 나의 관계가 서로 힘이 되게 하시고 서로를 영원히 사랑하고 소중히 할 수 있도록 도와주세요.

| 로지 다우의 아름다운 소망 |

좋은 아침, 사랑해요!

나는 한 강연회에서 청중에게 이렇게 말했습니다.

"매일 아침 침대에서 일어나 비틀비틀 욕실로 걸어갈 때, 거울에서 자신의 모습을 바라보면 놀라지 않나요? 만약 매일매일 새로운 날마다 긍정적인 마음을 가지고 하루를 시작하고 싶다면 거울을 보면서 이야기하세요, '좋은 아침, 사랑해요!' 그럼 당신은 기분 좋은 하루를 맞이할 수 있을 것입니다."

최근에 나는 베키에게서 반가운 이야기를 들었습니다. 베키는 내가 가르쳐주었던 그 '사랑의 아침인사'를 언급하면서 얼마나 고마운지 모른다고 말하는 것이었습니다. 아마 그 아침인사의 결과가 괜찮았던 모양입니다. 그녀는 자기 가족들에게도 그 인사법을 권했다고 합니다. 베키가 얼마나 즐거운 목소리로 이야기를 하는지 내가 다 행복해지는 느낌이 들었습니다.

그럼 이제부터 베키가 전해온 행복한 소식을 당신에게도 나눠드릴게요.

일요일 아침이면 우리 가족은 서둘러 교회에 가느라 마치 전쟁을 치르는 것 같아요. 아이에게 침대에서 나와서 옷을 입으라고 하는 과정이 거의 싸움 수준이었지요. 하지만 내가 아무리 소리지르고 호통을 쳐도 우린 늘 교회에 늦게 도착했고 서로 말로 표현한 적은 없지만 일요일마다 화난 분위기가 우리를 에워쌌지요.

지난 주 일요일에 나는 그 아침인사를 생각해 냈습니다. 나는 먼저 남편이 자고 있는 침대 옆에 앉아서 귀에 대고 속삭였습니다.

"좋은 아침, 사랑해요. 오늘 하루 행복할 거예요!"

그는 한쪽 눈을 뜨면서 "뭐? 미쳤어?"라고 말했습니다. 나는 그저 웃어 보이고는 우리 다섯 살짜리 아들의 침실로 가기 위해 복도로 나왔어요. 그리고 문을 열고 아들에게도 똑같이 인사했습니다. 제프는 이불을 돌돌 말고 누워서 이렇게 말했습니다.

"엄마 틀렸어요. 아주 나쁜 날이에요!"

나는 가만히 웃어 보이고는 남편이 일어났나 확인하기 위해 방으로 들어갔습니다. 그런데 나는 믿을 수가 없었어요. 그가 벌써 일어나서 옷을 입고 있더라고요! 그래서 다시 걸음을 빨리 해서 제프의 방으로 갔습니다. 그랬더니 놀랍게도 우리 제프 역시 침대에서 나와 옷을 입고 있었습니다! 지난 주 일요일 우리는 처음으로 제시간에 교회에 도착했습니다. 서로에 대해 좋은 기분을 유지하면서 말입니다.

그 후부터 나는 매일 아침마다 제프에게 큰 소리로 그 아침인사를 했습니다.

"좋은 아침, 사랑한다. 오늘 하루 행복할 거야!"

그래도 제프는 내 마음은 아랑곳없이 냉소적으로 대답할 뿐이었습니다.

그러던 어느 날 아침에 기적이 일어났어요. 나는 그 날도 아침인사를 하기 위해 아이의 방문을 열었습니다. 그런데 내가 인사를 하기도 전에 제프가 먼저 큰 갈색 눈으로 나를 쳐다보면서 이렇게 말하는 것이었습니다.

"좋은 아침, 사랑해요. 우린 오늘 하루 행복할 거예요."

그 후로 제프의 나쁜 습관과 행동이 사라졌습니다.

사실 매일매일이 모두 좋은 날이 될 수는 없어도 다른 해보다는 나은 한 해가 될 수 있잖아요! 그 아침인사를 나누면서 성마른 우리 가족들의 행동은 점차 믿음직하고 따뜻한 모습으로 변했습니다. 이젠 모든 것이 달라졌답니다.

만약 당신이 행복한 하루를 맞고 싶다고 생각한다면 그것을 찾는 것은 어렵지 않을 것입니다. "좋은 아침, 사랑해요!"라는 인사 한마디가 사람들의 마음을 따뜻하고 풍요롭게 한다는 걸 그대로 믿으면 됩니다.

우리 자신의 행동에 따라서 하루가 완전히 바뀔 수 있다는 것을 배웠습니다. 매일매일 행복한 하루를 맞이할 수 있도록 도와주세요. 그러면 나 때문에 다른 사람들까지도 기쁜 하루를 보낼 것입니다. 내가 가족과 친구들에게 믿음과 용기를 줄 수 있는 사람이 되게 도와주세요. 그리고 다른 많은 사람들과도 다정한 사이를 유지할 수 있도록 도와주세요.
| 마지 세이러의 *아름다운 소망* |

사랑은 영원하다

나는 엄마를 따라 진료실로 들어가면서 입술이 마르는 것을 느꼈습니다. 그리고 엄마 옆에 거의 의자에 파묻히다시피 앉았습니다. 의사 선생님은 청진기를 가지고 있지 않았습니다. 그 진료실에는 여러 가지 장비와 기계로 가득 차 있었는데 아이들의 학습능력 저하가 어느 정도인지를 분석하기 위한 것들이라고 했습니다. 그 날 나는 바로 그 학습능력 검사를 받았습니다.

의사 선생님은 종이를 뒤섞고 난 후 금테 안경을 집게손가락으로 올리면서 말했습니다.

"저 죄송한 말씀입니다만…… 헤론트 부인, 피터는 독서 장애를 가지고 있습니다. 상태가 약간 심각합니다."

나는 침을 삼키고 숨을 쉬려고 노력했습니다. 의사 선생님은 계속해서 엄마에게 이렇게 말했습니다.

"피터는 4학년 이상 되는 아이들이 읽을 수 있을 정도의 책을 전혀 이해할 수 없을 겁니다. 만약 제 의견을 말씀드릴 수 있다면 전 아이를 직업훈련학교에 보내도록 권하고 싶습니다. 그 곳에서는 책이 아니라 손으로 하는 일을 배울 수 있을 테니까요."

하지만 난 직업학교에는 가고 싶지 않았습니다. 난 아빠처럼 목사가 되고 싶었습니다. 나는 모든 것을 원래대로 되돌리고 싶었습니다. 내 눈은 눈물로 가득 차 있었지만 엄마에게 그런 모습을 보일 수는 없었어요. 열두 살은 엄마 앞에서 엉엉 울기에는 너무 커 버린 나이니까요.

어느새 엄마는 일어나 있었고 나도 덩달아 일어섰습니다.

"감사합니다, 의사 선생님. 가자 피터."

우리는 아무 말도 하지 않고 바로 집으로 향했습니다. 난 멍한 상태로 걸어왔습니다. 독서장애라고? 사실 난 그 독서장애라는 말을 바로 전날까지만 해도 처음 들어보는 말이었습니다.

물론 나는 반에서 항상 뒤처진 아이였습니다. 쉬는 시간에도 나무 뒤 나만의 특별한 곳에 숨어 있었습니다. 그곳에서 난 주로 혼자 울곤 했는데 왜냐하면 아무리 열심히 해도 수업을 잘 따라갈 수 없었기 때문입니다. 하지만 엄마에게는 학교에서 있었던 일에 대해 말하지 않았습니다. 너무 창피했으니까요. 엄마에게 걱정을 끼쳐드리고 싶지 않았습니다. 엄마는 이미 학교에서 학생들을 가르치는 것만으로도 하루종일 신경을 써야 했고, 두 형과 여동생 그리고 나까지 네 아이들을 보살피느라 너무 힘이 드셨으니까요.

엄마와 나는 나머지 가족들이 집에 도착하기 전에 돌아왔습니다. 난 기분이 좋았습니다. 좀 혼자 있고 싶었거든요. 나는 집으로 돌아오는 동안 내내 고개를 숙이고 있어서 턱이 거의 가슴에 닿을 정도였습니다. 내 방으로 돌아와 코트를 벗어 장롱에 걸어 놓고 있는데 엄마가 바로 내 앞에 서 계셨습니다. 엄마는 아무 말씀도 하지 않고 그냥 거기에 서서 눈물을 흘리고 계셨는데 눈물 때문에 뺨이 젖어 있었습니다. 나는 엄마가 눈물 흘리는 모습을 너무 많이 봤습니다.

그리고 어떻게 된 일인지 내가 알아채기도 전에 이미 난 엄마 품에 안겨 있었고 아기처럼 엉엉 울었습니다. 잠시 후 엄마는 나를 거실 소파로 데리고 갔습니다.

"여기 앉아라. 할 말이 있다."

나는 힘없이 소파에 앉아서 바지 주름을 잡아당기며 엄마의 말을 들었습니다.

"너도 의사 선생님이 하신 말씀을 들었을 거다. 네가 학교를 제대로 마치지 못할 거라고 말씀하셨지만 난 그 의사의 말을 믿을 수가 없다."

나는 훌쩍거리는 것을 멈추고 엄마를 쳐다보았습니다. 엄마의 파란 눈이 나를 보고 웃고 있었습니다. 그 눈빛 뒤에는 강철 같은 의지가 숨어 있는 듯했습니다.

"너와 나, 우린 앞으로 아주 열심히 공부를 하게 될 거야. 그리고 난 우리가 해낼 수 있다고 생각한다. 지금 난 문제가 뭔지 알고 있어. 우린 더 열심히 해서 이겨낼 수 있다. 독서장애에 대해 잘 알고 있는 전문가 선생님도 구할 것이고 저녁마다, 그리고 주말마다 너는 엄마와 함께 공부를 하게 될 거야."

엄마가 나를 쳐다볼 때마다 나는 밑으로 눈을 내리깔았습니다.

"너 열심히 할 생각이 있지, 피터? 너도 그렇게 하고 싶을 거야, 그렇지?"

희미한 안개 사이로 미래를 향한 희망의 불빛이 비치고 있었습니다. 나는 엄마가 내민 희망의 손을 잡고 함께 걸어가야 한다는 걸 알고 있었습니다.

"네, 엄마, 정말 열심히 하고 싶어요."

그 다음 날부터 이어진 장장 5년이라는 시간은 우리의 인내심을 시험하는 시간이었습니다.

나는 일 주일 내내 독서장애를 치료하는 선생님과 공부를 했고 그것은 내가 혼자 더듬거리며 책을 읽을 수 있을 때까지 계속되었습니다. 그리고 매일 밤 나와 엄마는 작은 책상에 앉아 그 날 학교에서 배웠던 내용을 최소한 2시간 동안 반복했고, 때로는 자정이 될 때까지도 복습이 끝나지 않은 날도 있었습니다.

우리는 학기말 시험을 대비하기 위해 엄청난 노력을 기울였습니다. 난 머리가 부서질 것 같았고 눈앞에 보이는 책은 거의 흐릿하게 보일 정도였습니다. 일 주일에 한두 번씩은 그만두고 싶은 마음이 굴뚝 같았습니다. 정말 그만두고 싶었어요. 난 내가 우리 집 고양이가 가진 정도의 힘밖에는 남지 않은 것을 느꼈습니다. 그렇지만 엄마는 지치지 않았습니다.

엄마는 내가 학교를 다니는 동안 기도를 하기 위해 하루도 빠짐없이 아침 일찍 일어났습니다. 나는 그 기도 내용을 천 번도 더 들었을 것입니다.

"하느님, 피터의 영혼을 열어주시고 공부한 것을 모두 기억할 수 있도록 도와주세요. 그 애에게 지치지 않는 용기와 힘을 주세요."

엄마는 무슨 일정을 짤 때마다 항상 석 달 이후를 내다보았습니다. 나는 그렇게 준비를 해서 전국 규모의 말하기 대회에서 두 번이나 상을 탔습니다. 그리고 엄마와 함께 학교의 교육 프로그램에 참가하여 지방 라디오 방송국에서 아나운서로 일할 수 있는 자격증도 땄습니다.

어느덧 내가 고등학교 졸업반이 되었을 때 엄마의 만성 편두통 증상도 완화되었습니다. 그 전에는 항상 스트레스 때문에 머리가 심하게 아프다고 하셨거든요. 며칠 동안 심하게 머리가 아파서 침대에서 누워지내는 날도 있었습니다. 엄마는 저녁에 나와 공부를 하기 위해 방으로 올라오실 때 잠옷을 입고 한 손에는 얼음주머니를 들고 찾아왔습니다.

내가 고등학교를 마치게 된 날, 우리는 울기도 하고 웃기도 하였습니다. 그리고 졸업을 이틀 앞둔 날 나는 엄마와 아빠에게 성경대학에 대해서 의논하며 꼭 그 대학에 가고는 싶지만 두렵다고 솔직히 이야기했습니다.

"얘야, 아무 걱정 말아라. 이 도시에 있는 성경학교에 지원해 보렴. 집에서 학교를 다니면 우리가 도와줄 수 있을 거야."

나는 엄마에게 다가가 목에 팔을 감고는 꽉 끌어안았습니다. 가슴에서 뭔가 묵직한 것이 올라오는 느낌이었습니다.

그런데 졸업식이 끝나고 일 주일 후, 엄마는 머리에 극심한 고통을 호소하셨습니다. 내 눈에 엄마의 두통은 완전히 나은 것은 아니었지만 곧 괜찮아질 것처럼 보였습니다. 하지만 엄마의 두통은 이전의 것과 좀 다른 것이었고 하루종일 침대에 누워 있었습니다. 그 날 밤 아빠는 엄마를 깨우느라 정신이 없었습니다. 엄마가 의식을 잃었기 때문입니다.

새벽이 밝아올 무렵, 흰 가운을 입은 의사 선생님이 우리에게 엄마의 뇌혈관이 파열되었다는 말을 전했습니다. 뇌출혈이 너무나 심한 상태였기 때문에 우리는 희망을 가질 수조차 없었습니다. 그렇게 엄마는 쓰러진 지 이틀 만에 돌아가셨습니다.

슬픔은 나를 거의 삼켜버릴 지경이 되었습니다. 몇 주 동안 나는 밤에 방안을 서성거렸고 어떤 때는 울고 어떤 때는 멍하니 앉아서 아무 일도 할 수가 없었습니다. 나에게 엄마가 없는 미래를 어떻게 상상할 수 있겠습니까. 엄마는 나의 눈이자 나의 머리이자 바로 내 삶이었습니다.

'이런 상태에서 어떻게 성경학교에 등록을 할 수 있단 말인가?'

그런 생각이 들 때마다 난 완전히 절망에 휩싸였습니다. 하지만 마음 깊은 곳에서 엄마를 위해 다음 일을 준비해야 한다는 움직임이 일고 있었습니다.

성경학교에 들어가서 첫 학기의 교과서와 계획서를 들고 왔을 때, 나는 엄마와 함께 공부했던 작은 책상 앞에 앉았습니다. 떨리는 손가락으로 역사책을 펴고 첫 번째 장을 읽기 시작했습니다. 그때 갑자기 의자 옆에 엄마가 앉아 계시는 모습이 보였습니다. 나의 마음은 엄마의 기억으로 가득 차 있었습니다. 엄마의 기도는 여전히 나를 따라다니고 있었습니다. 비록 엄마가 여기에 계시진 않지만 나는 엄마의 믿음을 기억하고 있었습니다.

어느덧 나는 성경학교를 졸업하게 되었습니다. 졸업발표 때 나는 많은 사람들 앞에서 자랑스럽게 말할 수 있었습니다.

"많은 사람들이 제가 성경학교를 마칠 수 있도록 도와주었습니다. 그러나 가장 많이 도와주신 분은 바로 저 하늘 위에서 저를 지켜보고 있는 분입니다. 어머니에게 이 졸업장을 보여드릴 수 있다면 얼마나 좋을까요. '어머니, 제 안에 믿음을 갖게 하셔서 고맙습니다. 어머니는 항상 저와 함께 있을 거예요.' 이 영광을 어머니에게 바칩니다."

내가 단지 아이가 기댈 수 있는 사람으로 머물지 않도록 하세요. 언제라도 그 애가 혼자 똑바로 설 수 있도록 만들어주는 강한 엄마가 될 바랍니다. 내 아이에게도 희망의 마음이 함께 할 수 있도록 힘을 주시고, 진정한 용기란 이런 것이구나 하고 느낄 수 있도록 도와주세요.
| 피터의 엄마, 베커 M. 헤론트의 *아름다운 소망* |

엄마의 자장가

나는 딸아이의 침대 끝에 걸터앉아 있습니다. 토끼 모양 전등의 은은한 불빛이 그림자를 만들어 놓았습니다. 그 그림자 밑에서 시간은 천천히 흘러가고 우리는 요람에 누워 있는 것처럼 편안했습니다.

나는 벌써 오랫동안 아이를 위해 노래를 불러주고 기도를 하고 있었는데 세 살 된 딸아이는 아직도 부족한지 쉽게 잠이 들지 않았습니다.

"가지 말고 나랑 계속 있어, 엄마."

알리슨은 팔을 내밀어 내 목을 단단하게 감고서 내 얼굴을 자기 얼굴로 끌어 당겼습니다. 내 뺨이 딸아이의 볼에 닿으니 그 간지러운 솜털하며 부드러운 살결이 느껴졌습니다.

때로 우리는 이렇게 볼을 맞대고 이야기를 나눴지만 대부분의 시간 동안 우리는 서로 다른 곳에 있었습니다. 내가 회사일로 바빴기 때문에 아이를 이모집에 맡겼다가 주말에 집으로 데려와 지낼 수밖에 없었던 것이지요. 그래서 아이는 더 간절히 나를 원하는지도 모르겠습니다.

지금 아이는 엄마가 주는 사랑과 친밀함과 따뜻함을 조용히 들이마시고 있습니다. 나는 아이의 영혼을 사랑으로 살찌울 수 있는 사람이 바로 나라는 사실에 얼마나 감사했는지 모릅니다.

나는 작은 목소리로 자장가를 부르면서 알리슨이 충분히 엄마의 사랑을 느끼면서 잠이 들기를 기다려주었습니다. 하지만 결국 내가 알리슨을 끌어안고 굿나잇 키스를 할 때까지, 그 애는 나와 떨어질 준비가 되어 있지 않았습니다.

나는 딸아이를 보고 있으면 마치 어린 시절의 나를 보는 것 같습니다. 하지만 나는 아이를 바라볼 때 일상을 살아가면서 보이는 외형적인 모습이 아니라 내면의 진짜 모습을 보기 위해 노력할 것입니다.

갑자기 이런 생각이 떠올랐습니다. 내 딸이 가진 어린아이의 순진함을 지키기 위해서라도 나는 한 집안의 아내이자 엄마로, 그리고 책임 있는 어른으로 살아가지 않으면 안 된다는 사실을 깨달았습니다.

알리슨이 내 팔에 안겨 있다는 것을 알았을 때 그리고 그 애의 얼굴에 가까이 다가갔을 때 영원히 끝나지 않을 사랑이 나를 감쌌습니다. 사랑과 평화가 나와 우리 딸아이의 마음속으로 조용히 흘러 들어왔습니다.

내 품에서 아이가 숨쉴 때 나는 사랑을 마시고 세상의 위험으로부터 아이를 안전하게 지켜줄 수 있다는 것을 믿습니다. 내가 더욱 가까운 곳에서 아이를 품고 그 애의 부족한 영혼을 가득 채울 수 있는 사랑을 줄 수 있도록 도와주세요. 그리고 내 아이를 보면서 즐거운 것처럼 소외된 이웃과 어려운 사람들을 위해 기도할 수 있도록 따뜻한 마음을 갖게 해 주세요.
| 엘리자베스 헤이의 *아름다운 소망* |

위대한 속삭임

어느 날 나는 냉동 미니피자를 구워서 점심을 해결해야겠다고 생각했습니다.

"도와줄까요?"

네 살 된 우리 아들 지미가 쪼르르 달려와 물었지요. 나는 눈을 한번 찡긋하며 부탁했습니다.

"그래, 피자 판을 꺼내서 그 위에 냉동 피자를 올려놔 주겠니?"

나의 부탁에 지미는 환한 웃음을 지어 보였습니다. 그러나 내가 유리잔에 얼음을 채우려고 뒤를 돌아본 순간, 정말 끔찍한 일이 벌어졌습니다. 지미는 피자 봉지에 구멍을 내기 위해서 예리한 과일 칼을 들고 팔을 내밀고 있었습니다. 그런데 갑자기 날카로운 칼끝이 피자 봉지에서 미끄러져 순간 아이의 한쪽 눈을 건드리고 말았던 것입니다.

내가 아이를 향해 몸을 돌렸을 때 지미는 비명을 지르고 있었고,

칼은 덜거덕하며 이미 부엌 바닥에 떨어져 있었지요. 순간 나는 눈을 감고 있는 지미를 붙들었습니다. 아이는 축 늘어져 내 품에 안겼습니다.

나는 아이를 달래면서 전화기로 가서 우리가 평소에 찾는 안과 병원에 전화를 걸었습니다.

"큰일났어요! 네 살 된 아이가 칼에 눈을 찔렀어요! 지금 의식이 없는 것 같아요!"

"아이를 데리고 빨리 병원으로 오세요."

간호사가 황급히 대답했습니다. 나는 아들을 서둘러 차로 옮겼습니다.

'애가 왜 이렇게 축 늘어져 있지?'

나는 자꾸만 그 점이 신경이 쓰였습니다.

'칼끝이 눈을 통과해서 뇌까지 찌를 수도 있는 걸까?'

나는 병원으로 미친 듯이 차를 몰았지만 길이 막혀서 빨리 갈 수가 없었습니다. 기도를 해야 돼!

"오 하느님, 우리에게 무슨 일이 생겼는지 알고 계시지요? 지미가 눈을 잃게 될까요? 칼날이 뇌를 건드렸을까요?"

나는 조용히 귀를 기울였습니다. 그때 어떤 작은 목소리가 내 가슴속에 대고 말하는 소리가 들렸습니다.

"지미는 괜찮다."

내가 그 속삭임에 놀라고 있을 때 이미 차는 병원 주차장에 도착했습니다. 지미는 의식이 전혀 없었습니다. 그러나 이상하게도 아이를 병원 안으로 데리고 들어가면서 나는 어느 정도 안도감을 느낄 수 있었습니다.

"어떻게 그렇게 침착할 수 있어요? 믿기지 않는군요."

간호사가 말하는 소리에 난 희미하게 미소를 지었습니다. 하지만 진료실 밖에서 지미를 기다리는 시간은 너무 더디게 흘러갔습니다.

몇 시간이 지난 후, 흰 가운을 입은 젊은 의사 선생님이 안에서 나를 불렀습니다. 내가 진료실로 들어가자 그 의사 선생님은 지미를 조심스럽게 흔들어 일어나도록 했습니다.

"형광염료로 아이의 눈을 시험한 결과 아래 눈꺼풀 가장자리에 약간의 상처가 나긴 했지만 괜찮습니다."

주치의인 포레스트 선생님이 기쁜 얼굴로 말했습니다.

"그런데 아이가 왜 정신을 잃은 거예요?"

나는 걱정을 다 떨쳐내지 못하고 포레스트 선생님에게 물어보았습니다.

"잠시 순간적으로 기절한 겁니다. 눈꺼풀을 다치면 굉장히 고통스럽거든요."

나는 지미와 함께 병원을 나오면서 너무 감사한 마음이 들었습

니다. 지미만 괜찮은 것이 아니라 나 역시도 불안의 그늘로부터 벗어났기 때문입니다.

나는 우리 곁에 계셨던 하느님을 믿고, 그가 불안의 가운데에 있을 때 나를 위로해 주셨다는 것을 믿습니다. 내가 들었던 그 속삭임은 나와 우리 가족을 영원히 지켜주리라는 것을 말입니다.

> 믿음의 마음 안에서 우리 가족을 지킬 수 있도록 하시니 감사합니다. 내 발걸음에 빛을 비추시고 계속 앞으로 나아갈 수 있도록 도와주세요. 나는 하느님이 거기에 계시기 때문에 내일이 전혀 두렵지 않습니다. 그는 나의 모든 발자국을 지켜주십니다.
> | 린다 에반스 셰퍼드의 아름다운 소망 |

기적의 의사 선생님

나는 날카로운 전화벨 소리에 깜짝 놀라 일어났습니다. 침대 옆에 있는 시계를 보니 밤 11시 8분이었습니다. 더듬거리며 수화기를 찾아 들었는데 갑자기 두려움이 엄습했습니다.

"여보세요?"

그러자 술에 취한 듯한 낯선 목소리가 전화에 대고 소리를 질렀습니다.

"방금 오토바이를 탄 당신 아들이 사고가 났소. 아이는 지금 우리 집에 있고 경찰도 있어요. 손을 다쳤는데 아마 손을 잃게 될 거 같소. 아이를 빨리 외과로 데려가야 할 것 같소."

그는 주소를 남긴 후 수화기가 부셔져라 쾅 하고 전화를 끊었습니다.

"오 하느님!"

우리 집 주치의는 지금 2주 동안 유럽에 가 있는 상태였습니다.

이런 시골 마을에 다른 의사가 있을까요? 불현듯 오늘 아침에 친구가 전화를 걸어 우리 아랫집으로 젊은 의사가 이사를 왔다고 이야기했던 것이 섬광처럼 스쳐갔습니다. 나는 창문으로 달려가 아랫집을 내려다보았습니다. 창문으로 벽난로의 빛이 새어나오고 있었습니다.

나는 정신 없이 현관문을 열고 나가 밤길을 내달았습니다. 길 위에는 안개가 가득했고 아스팔트, 자갈 때문에 내 맨발은 상처가 나고 있었습니다. 살을 에이는 추위를 뚫고 정신 없이 언덕 아래로 달려 내려갔습니다. 면으로 된 잠옷은 이미 엉망으로 엉켜버렸습니다. 나는 오직 한 가지 생각밖에 없었습니다.

"제발, 존이 손을 잃지 않도록 도와주세요!"

아랫집 계단을 올라서면서 나는 사정없이 문을 두드렸습니다. 추위와 두려움으로 내 몸은 덜덜 떨리고 있었습니다. 이윽고 문이 열렸습니다. 몸집이 크고 심각한 표정을 한 남자가 나오더니 나를 유심히 쳐다보았습니다.

그는 내 사정 이야기를 모두 듣고 나서는 외투를 가져와 내 어깨에 걸쳐주었습니다. 그리고 벽난로 주위의 석탄을 흩트리고 거실의 불을 끄고는 그의 차로 나를 데리고 갔습니다. 그는 나를 집에 태워다 준 후 내 어깨에 있는 외투를 집어 들고 내 손에 들려 있던 주소를 가져갔습니다.

"제가 아드님을 집으로 데리고 오겠습니다. 걱정 마세요. 잘 돌보겠습니다."

얼어붙은 듯이 현관문 앞에 서 있는 나를 향해 그가 침착하게 물었습니다.

"아드님이 몇 살입니까?"

"겨우 열일곱 살이에요."

"알겠습니다. 어른이군요. 당장 그 집으로 가보겠습니다."

나는 인사도 제대로 하지 못하고 그냥 서 있었습니다.

'어른? 내 아이가? 맞아, 내 생각에도 그런 것 같아.'

나는 집으로 들어와 기도했습니다. 그리고 그가 최고의 의사일 것이라고 믿었습니다. 나는 평소 즐겨 앉는 흔들의자에 앉아서 성경책을 펼쳐들었습니다.

"두려워 말고 오직 주 예수를 믿으라."

그와 아들이 돌아왔을 때는 이미 새벽빛이 창문으로 새어 들어올 무렵이었습니다. 존의 손은 부목을 대어 붕대로 싸여져 삼각건 위에 얹혀져 있었습니다. 존은 미안한 듯 나를 보더니 이내 침대로 들어갔습니다. 내가 턱 있는 곳까지 이불을 덮어주자 존은 어린아이처럼 고분고분하게 잠들었습니다.

그는 몇 가지 주의 사항을 적어주었습니다.

"아침이나 밤늦게라도 괜찮습니다. 언제라도 불편한 사항이 생

기면 전화를 주세요. 아마 치료가 될 때까지는 오래 아프게 될 겁니다. 새끼손가락과 약지는 약간 휘어질 수도 있습니다."

그렇게 말하고 그는 우리 집에서 나가기 위해 몸을 돌렸습니다. 나는 감사의 마음을 전하려고 하다가 생각해 보니 그때까지 그의 이름조차 모르고 있었습니다.

"저, 선생님. 전 아직 성함도 모르는데요."

그는 명함을 건네주고는 현관을 빠져나가 자기 집으로 돌아갔습니다. 벌써 해가 떠오르고 있었습니다. 나는 그제서야 참고 있던 눈물이 터져 나와 입까지 흘러내렸습니다. 곧이어 지난 밤사이에 무슨 일이 있었는지 영문도 모르는 딸아이 캐시가 방안으로 들어왔습니다.

"엄마 무슨 일이야? 왜 그렇게 울고 있어?"

나는 캐시를 껴안고 눈물을 쏟았습니다.

"존이 사고를 당했어. 누가 그 애의 오토바이를 치었대. 난 그 애가 손을 잃어버리는 줄 알았어. 하지만 의사 선생님이 우릴 구해 주셨단다. 마을에 새로 의사가 왔어. 바로 우리 아랫집으로 말이야."

나는 캐시의 손을 잡고 존을 보기 위해 조용히 복도로 나갔습니다. 존은 베개 위에 다친 손을 얹어놓은 채 누워 있었습니다. 그의 긴 속눈썹이 창백한 볼에 어두운 그림자를 드리우고 있었습니다.

나는 잠들어 있는 그 애를 보면서 지난 몇 년 동안의 기억들이 스치고 지나갔습니다. 아들은 건강함과 아픔을 겪으면서도 자신이 가지고 있을 가장 소중한 꿈, 희망, 실망 등을 단단히 묶어 제 속에 간직하고 있었습니다.

존의 방에 불을 꺼주기 위해 조심스럽게 다가갔을 때 나는 그가 준 명함을 보게 되었습니다. 그의 이름 밑에는 고딕체로 된 세 단어가 쓰여져 있었습니다.

'정형외과 손 전문의.'

나는 다시 한 번 눈물을 쏟아내고는 그 명함을 캐시에게 건네주었습니다.

"저번에 우리는 하느님이 아직도 기적을 보여 주실까 하고 말했었지? 이건 기적이야. 바로 오늘 정말로 기적이 일어난 거야."

내 삶에 사랑의 손길을 보내주셔서 감사합니다. 놀라운 기적은 우리 마음속에 있습니다. 우리 가족들이 희망과 믿음의 마음으로 앞날을 준비할 수 있도록 도와주세요. 그리고 우리 아이들이 넘치는 사랑과 친절함으로 감사하며 살 수 있도록 도와주세요.

| 낸시 베이리스의 *아름다운 소망* |

인생은 놀라워라!

내가 전화를 받고 있는 중에 갑자기 날카로운 크리스틴의 비명이 온 사방을 채찍질했습니다.

"바바라, 빨리! 저기 차가 언덕 아래로 굴러가고 있잖아!"

나는 크리스틴이 소리치는 말에 놀라 전화 수화기를 내동댕이치고 허겁지겁 언덕 아래로 달려갔습니다. 언덕 아래로 저 끝에 차 문만 보이고 있었습니다. 맥박 소리가 귓가에서 요동쳤고, 순간 나는 무엇인가에 의해 강제로 들려져서는 세게 발로 차여 완전히 다른 세계 속으로 내동댕이쳐진 듯했습니다.

시간은 수도꼭지에서 물방울이 떨어지듯 너무나 느리게 흘러가는 듯했습니다. 나는 간절하게 기원했습니다.

"제발 차가 비어 있게만 해 주세요."

크리스틴의 사무실에서 나오기 조금 전까지만 해도 내 팔에는 이제 걸음을 뗄 줄 아는 조나단이 있었고, 그 옆에 큰아들 조슈아가 서 있었습니다. 시간이 조금 남았기 때문에 나와 조나단은 작별 인사를 하고 있었습니다. 그 순간 전화벨이 울렸고 크리스틴이 안으로 들어갔습니다. 나는 주차장에 깔린 자갈길을 우둑우둑 밟고 있었습니다. 잠시 후 다시 문가에 나타난 크리스틴은 남편에게 전화가 걸려왔으니 받으라고 말했습니다.

"차에 아이 좀 태워주겠니? 곧 돌아올게."

이제 열 살 된 조슈아는 모든 사람에게 믿음직스럽다는 말을 듣는 아이였습니다. 크리스틴은 조나단에게 물리치료를 받게 하는 동안, 아이가 싫증을 내기 때문에 형 조슈아가 함께 오는 것이 좋을 것 같다고 말했습니다.

"네, 엄마."

조슈아가 대답했습니다. 나는 그 애의 팔에 동생을 건넸습니다. 세 살 된 조나단은 아직도 여전히 불안정해서 자갈이 많은 주차장에 안전하게 서 있을 수가 없을 것이라는 생각이 들었기 때문입니다.

조나단은 다운증후군을 가진 아이였습니다. 그러나 우리 가족에게 조나단의 작고 귀여운 얼굴은 용기와 인내를 주기에 충분했습니다. 우리는 그 아이의 외모가 나중엔 영광의 배지가 될 것이라고 생각했습니다.

하지만 조나단은 다른 사람들 속에서 자연스럽게 적응할 수 있도록 여러 가지 힘든 과정을 거쳐야만 했습니다. 다운증후군 아이들에 대해 이러한 조치가 얼마나 중요한지 알게 된 후 우리는 조나단이 아주 어리고 약할 때부터 매주 물리치료를 받게 하기로 결정했습니다. 우리는 하느님이 조나단을 위해 미리 준비해 놓은 길이 있을 것이라고 믿었고, 우리 가족은 함께 조나단이 그 길로 어렵지 않게 들어설 수 있도록 노력하는 중이었습니다.

왜 그 날따라 남편이 전화를 했을까요? 지금 와서는 우리 중 누구도 왜 전화를 했는지 기억해 낼 수조차 없습니다. 남편은 단지 그 당시 내가 너무나 놀라 소리를 질렀고 그 바람에 전화기가 바닥에 떨어졌다는 사실만을 기억할 뿐입니다.

"안 돼! 안 돼! 오, 하느님, 제발 안 돼!"

나는 언덕 밑까지 굴러 내려간 차를 보았습니다. 차 안은 비어 있지 않았습니다. 차 앞 유리를 통해 우리는 시트에 앉아 있는 조나단의 금발머리를 볼 수 있었습니다. 그 아이는 2차선 도로가 있는 언덕 아래쪽으로 끌려 내려갔습니다. 그 도로에서 다시 9미터 정도를 내려가면 바로 샌프란시스코 만이 시작되는 낭떠러지였습니다.

만약 도로에 아무런 장애물이 없었고 차가 그대로 길 아래쪽까지 밀려 내려갔다면 차는 적재함들을 부수고 결국 샌프란시스코 만으로 빠졌을 것입니다.

"오 주여, 이건 아닙니다."

나는 간청했습니다. 조나단의 짧았지만 너무도 힘겨웠던 삶이 한 순간 내 기억 속에 스쳐 지나갔습니다. 집중치료 장치에 달린 모니터에서는 삑 하는 소리가 들렸고 불편한 조나단의 몸에는 코드와 전선이 엉켜 있었습니다. 나는 의사 선생님이 최악의 상태를 준비하라고 말할 때처럼 가슴속이 조여지는 느낌이 들었습니다. 이전에도 너무나 여러 번 우리는 이러한 일을 겪었고, 많은 사람들이 우리의 특별한 아이를 위해 기도해 주었습니다. 그리고 하느님께서는 그 아이의 약점을 하나씩 하나씩 고쳐주셨습니다. 지난 한 해 동안 조나단은 많이 건강해졌고 우리도 실제로 많이 마음을 놓을 수 있었습니다.

지금까지도 우리를 지켜주셨던 하느님이 왜 이제 와서 그 아이를 데려가시려는 걸까요?

그런데 그 순간 더욱 놀라운 일이 벌어지고 있었습니다.

나는 차 밑에서 큰아들 조슈아를 보았습니다! 그것은 거의 1톤이나 되는 쇳덩어리를 한 아이가 힘겹게 버티고 있는 기적 같은 일이었습니다. 만약 조슈아가 아니었더라면 조나단은 벌써 어떻게 되었을까요? 소름이 나를 덮쳐왔습니다.

하지만 차가 조금씩 슬슬 아래쪽으로 밀리자 조슈아는 반대 방향으로 종종 걸음을 놓으며 완전히 몸이 으스러질 위험에 자신의 몸을 맡기고 있었습니다.

오, 나보고 아들 둘을 한꺼번에 잃어버리란 말인가요!

"조슈아, 어서 나와! 차에서 빨리 떨어져!"

나는 아이를 향해 소리 질렀습니다. 크리스틴도 함께 소리 질렀습니다. 거의 간청하다시피 그렇게 말했지만 나는 조슈아 심정을 이해할 수 있었습니다. 그 아이는 항상 책임감을 안고 살아왔던 것입니다. 그리고 지금 동생을 구하기 위한 모든 일에서 조슈아는 끝까지 포기하지 않고 말 그대로 악전고투하고 있는 것입니다.

나는 다시 악을 썼습니다.

"조슈아! 말 안 들을래? 어서 떨어져!"

결국 그 아이는 차에서 벗어나 점프를 하여 뛰어나왔습니다. 조슈아가 빠져나오자 크리스틴과 나는 소리 지르기를 멈추었습니다. 그 침묵은 정말 소름끼치는 것이었습니다. 마치 수도꼭지에서 마지막 물방울이 멈추어 매달려 있는 것 같은 순간이었습니다.

차는 거의 멈춰서는 것 같더니 다시 뒷바퀴가 슬금슬금 움직이기 시작했습니다. 그러더니 도로 가장자리로 방향을 틀어 움직이기 시작했습니다. 그 순간 기적이 일어났습니다. 조나단을 태운 차는 거의 기적적으로 오래 된 믿음직스러운 나무에 부딪혔던 것입니다. 움직일 힘을 잃은 차는 결국 멈추었습니다.

나는 차가 더 이상 앞으로 나아갈 수 없도록 고정시키고 문을 열어 조나단을 보았습니다. 아이는 전혀 다친 곳 없이 어리둥절한 표정을 짓고 있었습니다. 이윽고 내 얼굴을 보더니, 조나단은 마치 조금 전까지도 전혀 움직이지 않은 차에 앉아 있었던 아이처럼 평온을 되찾았습니다.

곧이어 나는 바로 뒤에 서 있던 조슈아를 보았습니다. 아이는 얼굴에 미소를 띠고 팔을 활짝 벌려 항상 버릇처럼 이야기했듯이 "인생은 놀라워라!"라고 말하는 것이었습니다. 조슈아는 조금 전까지 어른의 힘으로 감당하기에도 벅찬 엄청난 위험을 제 보잘것없는 몸무게로 견디어 냈던 것입니다.

"엄마 그 때는 그냥 조나단을 죽게 내버려둘 수 없다는 생각뿐이었어요."

조슈아가 나중에 한 말입니다. 그 말을 통해 우리는 조슈아가 왜 그렇게 행동했는지 그 의미를 조금이나마 이해할 수 있었습니다.

요즘 나는 공원에 절대로 차를 주차하지 않습니다. 약간의 부주의로 두 아들을 잃을 수도 있으니까요. 감사하게도 하느님은 그러한 상황에 나를 처하게 하셔서 당신의 자비와 강함을 알도록 만드셨습니다. 하느님은 나에게 영원히 잊지 못할 선물을 주셨습니다. 큰아들은 엄청난 재난에 대항해 필사적으로 몸을 맡기면서 동생을 구해냈고, 둘째 아들은 비록 몸은 나약하지만 강하고 단단한 영혼으로 삶을 포기하지 않았습니다.

　지금의 조나단이 있을 수 있는 이유는 항상 따뜻한 마음을 간직해 왔기 때문인지도 모릅니다. 제 형이 양팔을 벌려 "인생은 놀라워라!"라고 말할 때처럼 조나단도 그렇게 의기양양한 믿음을 통해 계속해서 배움을 얻을 것입니다.

　인생은 항상 놀라움으로 가득합니다. 내가 간절히 기적을 바랄 때 그것은 이루어졌습니다. 내가 그 축복을 잊지 않고, 언제 어디서건 내가 감당해야 하는 일들을 잘 해 낼 수 있도록 도와주세요. 그리고 내가 할 수 없는 일에는 믿음과 용기를 통해 이겨낼 수 있도록 도와주세요.
| 바바라 커티스의 *아름다운 소망* |

운전 교습

내가 운전을 배우는 두 아들과 함께 지금까지 아무 탈 없이 살고 있다는 것은 정말 신기한 일이 아닐 수 없습니다! 이건 절대 과장된 표현이 아닙니다.

1년 전 큰아들 벤이 임시 운전면허증을 가지고 있을 때였습니다. 그 아이는 자기가 면허를 땄으면 좋겠느냐고 나에게 물었습니다. 나는 뭔가 으스스한 일을 꾸미는 사람처럼 대답했습니다.

"난 좋아."

나는 흔쾌히 대답하고 자랑스럽게 아들을 쳐다보았습니다. 하지만 그것이 내가 생각하는 스릴 넘치는 시간들을 안전하게 보장해 주지 못한다는 것을 그땐 몰랐습니다.

나는 언젠가 아이들과 '식스 플래그 그래이트 아메리카' 라는 놀이동산에 간 적이 있었는데, 그곳에서 가장 큰 롤러코스터는 무려 50피트 위에서 떨어지는 것이었습니다. 나는 그 롤러코스터를 타는 것이 너무 무서워 거의 기절할 정도가 되었습니다. 그러나 생각해 보면 아들이 처음 운전하는 차를 타기 위해서는 그렇게 무서운 놀이기구도 충분한 대비가 되지 못했던 것 같습니다.

"벤, 브레이크를 밟아야지, 저 앞에 빨간 불이잖아. 빨간 불이야! 브레이크, 브레이크 밟아!"

벤은 겨우 정지선에서 급브레이크를 밟고 나더니 마치 아무 일도 없다는 듯이 나를 쳐다보며 말했습니다.

"걱정 마세요, 엄마. 지금 우린 아무 문제도 없다구요."

그 대답을 듣고 있는 내 심장은 터질 듯이 마구 뛰고 있었습니다.

얼마 후 둘째인 릭이 운전을 시작했을 때, 그 아이는 벤과는 정반대였습니다. 그 아이는 너무나 조심스럽게 운전하는 타입이었지요. 한번은 릭이 좌회전을 할 때였는데 너무나 느리게 회전을 하는 것이었습니다. 우리가 가려고 하는 방향을 향해 직진 신호가 나는 것을 보고 난 숨이 넘어갈 듯했답니다!

"액셀 밟아, 릭!"

난 그만 소리를 질렀습니다.

"빨리, 빨리 가야지!"

조금만 늦었더도 우리 앞으로 시멘트 트럭이 휭 하고 지나갈 뻔했습니다. 우리는 가까스로 늦지 않게 좌회전을 할 수 있었답니다. 그때도 릭은 나에게 이렇게 말하더군요.

"걱정 마세요. 엄마, 아무 문제 없잖아요!"

나는 겨우 침을 삼켰고 심장은 목 위로 튀어나올 것만 같았답니다. 그렇지만 이런 일들은 시작에 불과했습니다. 가장 놀라운 사건은 내가 차의 뒷좌석에 앉아 있을 때 발생했습니다.

벤은 이미 보통 운전면허증을 가지고 있었고 우리 차의 뒷바퀴는 '88 브랙 포드 에스코트'였습니다. 릭은 앞자리에 앉았고 막내 아들 브라이언이 내 옆에 앉아 있었습니다.

"속도 좀 낮춰, 너무 빨리 달리고 있잖아."

나는 뒤에서 연신 잔소리를 해댔습니다.

"엄마, 속도 제한은 60이에요. 그리고 전 지금 55로 달리고 있다고요."

"내가 보기엔 거의 75 같은데!"

"엄마, 운전은 내가 알아서 한다구요!"

오래 전 내가 스물한 살 때 벤은 갓난아이였고 난 영원히 그 아이를 내가 생각하는 대로 키울 수 있다고 생각했습니다. 아이를 좌석에 앉히고 안전벨트를 매어주고 내가 직접 운전을 했습니다. 나는 항상 자신 있었고 아무런 문제도 없었습니다. 아이들은 나를 믿고 따랐습니다. 아이들의 빛나는 얼굴은 나를 사랑하고 있으며 영원히 나를 믿고 따르겠다고 맹세했었습니다.

그러나 이제 나에게는 이미 벤을 저지할 힘이 전혀 없었습니다.

나는 이미 오래 전부터 더 이상 아이들을 내 맘대로 움직일 수 없으며, 그런 감정은 일찌감치 포기해야 한다고 생각하고 있었습니다. 그리고 그 날 더 이상 아이들을 내 생각대로 조종할 수 없다는 사실을 뼈저리게 알게 된 것입니다!

내가 할 수 있는 일은 자신의 생각을 완강하게 굽힐 줄 모르는 열여덟 살짜리 큰아들의 처분에 순순히 따르는 것말고는 아무것도 없었습니다.

이제 나는 더 이상 아이들의 삶을 통제하지 않습니다. 벤과 릭이 내는 속도와 회전 실력을 믿고 목적지에 아무 탈없이 도착하기만을 기도할 뿐이죠.

요즘 나는 아이들에게 차 열쇠를 건네주고는 직접 운전해서 가게 합니다. 우리 아이들을 끝까지 믿고 지켜줄 수 있는 사람은 오직 나뿐이라는 것을 믿습니다. 나는 앞으로 아들이 운전하는 차의 뒷자리에 앉아 여유롭게 드라이브를 즐길 것입니다.

나에게 아이들을 다른 세상으로 보낼 수 있는 용기를 갖게 하세요. 그리고 아이들에게 자신의 삶을 끌고 나갈 믿음과 용기의 열쇠를 갖도록 도와주세요. 그들이 미래로 정신 없이 내달릴 때 나는 브레이크를 준비할 것입니다. 아이들의 인생이 새로운 국면에 접어들 때마다 내가 그들을 믿고 바라볼 수 있도록 용기를 주세요.

| 안드레아 보사르의 아름다운 소망 |

러브레터

가을 햇살이 너무나 좋아서 그냥 집에서 하루를 보낼 수 없다는 생각이 절로 났습니다. 나는 침실을 후닥닥 정리하면서 늘 그랬듯이 남편이 벗어 던진 양말을 집어 들어 빨래 바구니에 휙 하니 집어넣었습니다.

"양말이 원래 가야 할 길을 잊어버리는 것을 보면 남자라는 동물 한테는 뭔가가 있는 게 틀림없어!"

나는 입버릇처럼 그 말을 또다시 중얼거렸습니다.

그런데 그때 침대 모서리 근처에서 뭔가가 바닥에 떨어져 있는 것이 보였습니다. 옅은 분홍색 노트 같은 것이 조심스럽게 놓여 있었습니다. 남자들로 가득 찬 이 집에서 그런 분홍색을 띠는 뭔가를 본다는 것은 결코 흔한 일이 아니었기 때문에 나는 의아해하며 바라보았습니다.

그리고 재빨리 그 노트를 집어 들고 천천히 열어보았습니다. 거의 완벽에 가까운 필체로 써 내려간 편지가 나를 기다리고 있었습니다. 종이에는 사과 향이 은은하게 베어 있었고, 그 향기에 어울리는 아름다운 연애시가 페이지 가득 적혀 있었습니다. 그리고 마지막 장에는 남편의 이름이 아주 작게 써 있었습니다.

누가 남편에게 이런 선물을 보냈을까요? 내 가슴은 고동치기 시작했습니다. 나는 어쩔 수 없는 마음에 무릎을 꺾고 천천히 바닥에 주저 앉으면서 계속해서 노트의 내용을 읽기 시작했습니다.

'어떻게 나에게 이런 일이 생길 수 있는 거지? 어떻게 지금까지 이렇게 방심을 하고 있었던 거지?'

갑자기 나와 상담을 하면서 이와 비슷한 경험을 털어놓았던 여자들의 얼굴이 떠올랐습니다. 나는 그 사람들의 이야기를 주의 깊게 들어주었고, 모두 잘 될 것이라는 확신을 주었습니다. 그러나 그러한 일이 나에게 생길 것이라고는 생각하지 못했습니다.

아마 최근 들어 남편과 나와의 거리가 약간 멀어진 것 같기도 합니다. 남편은 주로 집 밖에서 많은 시간을 보냈으니까요. 하지만 그냥 바빠서 그런 거라고 나는 그렇게 단정지었습니다. 그 향기 나는 노트를 가슴까지 들어올렸을 때, 이미 내 눈에서는 눈물이 흐르기 시작했습니다.

'그는 너무 잘생겼고 너무나 다정한 내 남편이야!'

나는 우리가 함께 교회에 앉아 있을 때 그의 얼굴을 쳐다보며 내가 얼마나 황홀해 했는지 생각하니 그 지나간 시간이 우습게 느껴지기도 했습니다. 그리고 나에 대한 남편의 마음이 변했을 수도 있다는 생각이 들었습니다.

'하지만 우린 약간 나이가 들었을 뿐이야.'

나는 속으로 그렇게 생각했습니다.

'내가 얼마나 그 사람을 사랑하는데, 정말로 얼마나…….'

내가 그렇게 주저앉아서 그런 생각에 빠져 있을 때, 밖에서 차가 멈추는 소리가 들렸습니다. 나는 얼른 눈물을 닦고 허둥지둥하며 마음을 가다듬었습니다.

'그이가 이 노트를 내가 봤다는 것을 알면 안 돼. 지금까지 비밀로 해 왔잖아.'

나는 마음을 가다듬고 남편에게 문을 열어주기 위해 복도로 나갔습니다. 아직 문이 잠겨 있는 사이에 나는 머리를 가다듬고 얼굴을 정돈했습니다.

'그이는 내가 지금 이러고 있는 모습을 볼 수 없겠지. 그래, 그이를 믿어야 해. 그런 노트 한 권으로 그의 마음을 의심해선 안 돼지!'

이윽고 문이 열렸고 우리 집 안으로 금빛 햇살이 쏟아져 들어왔습니다. 남편이 환한 웃음을 지으며 거기에 서 있었습니다. 나는 아무 말 없이 남편의 얼굴을 쳐다보았습니다. 그런데 그 순간 누군가가 내 품으로 와락 달려들었습니다.

"엄마! 안녕? 저 왔어요."

딸아이와의 갑작스러운 만남 때문에 다소 상기된 나를 향해 남편이 다정하게 다가와 말했습니다.

"여기 당신이 가장 사랑하는 사람이 왔어."

나의 마음이 흔들릴 때마다 변하지 않는 믿음으로 나를 지킬 수 있도록 도와주세요. 정말로 중요한 것은 인간의 선함과 믿음에 있다는 것을 알게 해주세요. 진정한 믿음은 얼굴에 있는 것이 아니라 마음속에 있습니다. 내가 가까이에서 남편과 아이들을 지켜줄 수 있도록 도와주세요.
| 조이스 시몬스의 아름다운 소망 |

엄마 울지 마세요

남편과 나는 20년 전에 결혼했습니다. 우리에겐 네 명의 아이들이 태어났습니다. 우리는 중산층이 모여 사는 동네에서 사람 좋기로 소문난 이웃들과 함께 살았습니다. 남편은 자기 사업을 운영하고 있었고 나는 시골 학교에서 가끔 임시직 교사로 일하곤 했습니다.

남들이 볼 때 우리는 성공적인 가족이었습니다. 하지만 그러한 겉모습과는 달리 남편은 알코올중독 증세를 보이고 있었고 우리의 결혼생활은 서서히 파괴되고 있었습니다. 나는 가족을 지키기 위해 할 수 있는 가능한 모든 방법을 다 동원해 보았지만 별 효과가 없었고, 결국 남편은 가방을 싸서는 집을 나가 버렸습니다.

지난 5월 1일 나는 벌써 우리가 마흔 살이 되었다는 사실을 알았습니다. 그러자 내게 앞으로 어떤 일들이 벌어질지 궁금했습니다. 나에게는 키우고 공부시켜야 할 아이가 네 명이나 있으니까요. 책상에 놓인 세금공지서는 전부 합쳐서 2,200달러가 넘었지만 내 수중에 있는 돈은 고작 500달러가 전부였습니다.

나에게는 가끔씩 생기는 임시직 교사 일이 전부였습니다. 하지만 내년에는 60명의 선생님이 일자리를 잃게 되는 바람에, 나는 그 일자리마저도 완전히 사라질 위기에 놓였습니다. 나는 홀로 가파른 언덕을 올라가는 것 같은 참담한 기분을 느꼈고 절망하지 않을 수 없었습니다. 내가 할 수 있는 일이라곤 하느님께 모든 상황을 맡기는 것, 그것 이외에는 아무것도 없었습니다.

시간이 지나도 생활은 여전히 최악의 상태를 벗어나지 못했습니다. 그리고 급기야 그로부터 한 달이 지난 후, 나는 17장의 두터운 문서를 받았는데 남편이 나에게 보낸 이혼 서류였습니다. 남편은 모든 것을 나의 탓으로 돌리고 있었습니다. 나는 완전히 희망을 잃었고 몸과 마음은 마비가 된 것처럼 아무것도 할 수 없었습니다. 나는 아이들을 위해 돈과 음식이 필요했지만 도움을 요청할 만한 곳은 한 군데도 없었습니다.

그런데 내가 어찌할 바를 모르고 멍하니 있던 어느 날 아침 웬 큰 자동차가 한 대가 우리 집 앞에 나타났습니다. 그리고 전혀 본 적 없는 한 남자가 차에서 내리더니 우리에게 다가왔습니다.

"하느님이 아내와 저에게 영감을 주셨습니다. 저는 복지재단에 전화를 해서 혹시 도움이 필요한 가족이 없느냐고 물어보았습니다. 실례가 되지 않는다면 제가 도울 수 있도록 해 주시겠습니까?"

나는 고마운 마음에 아무 말도 할 수가 없었습니다. 그는 만족스럽다는 듯이 환하게 웃으며 말했습니다.

"하느님의 사랑이 바로 여기에 계십니다."

눈물이 내 뺨을 타고 흘러내렸고 그 남자와 그의 아내는 바쁘게 다시 차로 돌아갔습니다. 잠시 후 우리 집 부엌에는 식료품을 담은 봉지가 그득히 쌓였습니다.

나는 그들이 떠나자마자 침대로 가서 무릎을 꿇고 기도했습니다. 다섯 살 된 아들이 울고 있는 나를 발견하고는 자기도 울면서 팔로 내 목을 감았습니다.

"엄마 울지 마세요, 저 봉지 안에 고기와 소시지가 있어요."

나는 아이를 힘껏 껴안아 주었습니다. 나에게는 아직 아이들을 지켜줄 만한 힘이 남아 있습니다. 조금 전의 기적은 나로 하여금 그 힘을 깨닫게 해 주었습니다.

어려운 순간에도 희망과 용기를 잃지 않도록 도와주세요. 이 세상이 힘에 겨워 지쳐갈 때도 우리 마음이 믿음과 용기를 잃지 않는다면 그대로 주저앉지 않는다는 사실을 가르쳐주세요. 아이가 두려움으로 무릎을 꿇을 때마다 내가 온화한 목소리로 그의 마음을 어루만질 수 있도록 도와주세요.

|마릴린 모어의 *아름다운 소망* |

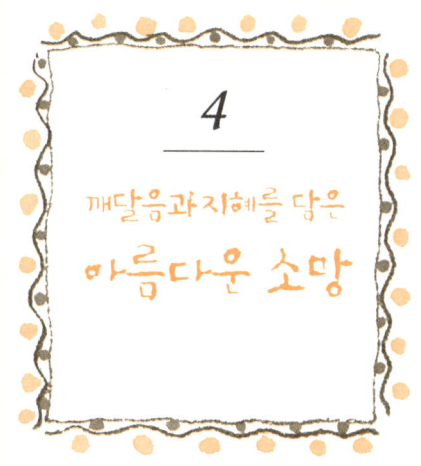

4
깨달음과 지혜를 담은
아름다운 소망

현명한 엄마라면 아이들 하나 하나가 자라는 동안,

아이들에게 가장 먼저 읽어주었던 책이 무엇인지,

그리고 마지막으로 다 읽지 못하고 한쪽으로 밀어두었던 책이 무엇인지를

늘 마음에 두고 있다.

C. 레녹스 레이몬드

부모는 아이들의 성격과 아이들이 자라온 역사를 통해

새로운 시(詩)를 경험할 수 있다.

*

마가렛 폴러

베개에 그려진 얼굴

우리 집 큰딸 코비는 의지력이 매우 강한 아이입니다. 나는 코비가 태어날 때부터 그 애가 자립심이 매우 강하고 고집도 아주 세다는 것을 알았습니다. 그렇게 고집이 센 코비를 기르는 동안 남편과 나는 다른 아이들보다 그 애에게 훨씬 더 마음을 쓰게 되었습니다.

코비는 어떤 상황을 마주하건 간에 웃음이라는 것을 가질 수 없는 아이였습니다. 코비가 사춘기에 들어서기 얼마 전, 그러니까 그 아이의 고집 센 성격이 심해져서 엄마인 나에게도 늘 사납게 굴었던 시기였을 겁니다.

어느 날 한 가지 놀랍고 엉뚱한 일이 일어났습니다. 오래 전의 일이라 우리 중 누구도 그게 정확히 어떤 일이었는지 자세히 기억하지 못하지만, 아마도 내가 코비가 하려고 하는 일을 순순히 허락해 주지 않았던 모양이었습니다.

어쨌든 코비는 그 날도 화가 났는지 '물리적인 행동'을 하기 시작했습니다. 사춘기의 아이들이 문을 쾅 하고 닫거나 책을 책상 위에 큰 소리가 나게 내리치는 그런 행동 말입니다. 나는 최대한 냉정함을 찾으려고 노력하고 있었습니다.

"코비 앤!"

나는 화를 참느라 이를 악물고 아이의 이름을 불렀습니다.

"그렇게 해서 부서지면 좋을 게 뭐가 있겠니?"

내 말은 아이의 마음을 진정시키기에는 너무나도 작은 것이었습니다. 결국 나는 아이의 어깨를 붙잡아 방까지 끌고 들어갔습니다.

그런데 복도를 걸어가면서 갑자기 내가 10대였을 때의 모습이 떠올랐습니다. 사실 살면서 거의 잊고 있었는데, 그 당시 나의 주특기는 심통을 부리다가 마음에 안 들면 문을 발로 걷어차는 것이었습니다. 그러고 보니 코비가 나를 닮았다는 말이 맞는지도 모르겠습니다. 갑자기 번뜩 떠오른 생각이 있었습니다. 나는 코비를 돌려세우고 침대에 있는 베개를 들어올렸습니다.

"코비야, 네 행동이 얼마나 보기 안 좋은지 너도 잘 알지? 근데 기억을 떠올려보면 엄마도 네 나이 때 화가 나면 뭔가를 발로 차고 싶어했던 것 같아. 그래서 지금 네 기분이 어떤지 알고 있어. 하지만 네가 뭔가를 마구 내리치다가 다치게 된다면 별로 좋은 방법이 아닌 것 같아."

나는 코비에게 이렇게 제안했습니다.

"여기 있다. 마음이 풀릴 때까지 이 베개를 쳐보는 것도 괜찮아."

나는 아이에게 베개를 안겨주고는 방을 나왔습니다. 나는 벌써 이 어려운 상황을 잘 처리했다고 스스로 자축하고 있었습니다. 왜냐하면 베개를 치는 소리가 점점 작게 들리고 있었기 때문입니다. 코비는 한참이 지났는데도 밖으로 나오기는커녕 아무 소리도 들리지 않았습니다. 나는 씩 웃음을 짓고는 그냥 모른 척 그 일을 잊기로 했습니다.

코비가 새침하게 지낸 지 일 주일 정도가 지난 어느 날이었습니다. 그 날은 집안 빨래를 하는 날이었는데 나는 능숙하게 모든 침대 커버를 벗겨내고 있었습니다. 물론 코비의 침대 커버도 벗겨냈습니다. 그리고 베개 커버를 벗겨냈을 때 나는 그 베개에 색연필로 그려진 생생한 내 얼굴을 볼 수 있었습니다!

아, 내 딸 코비는 남편의 그림솜씨를 이어받고 있었습니다. 베개에 그려진 내 얼굴 초상화는 나를 그대로 옮겨놓은 것처럼 생생해서 마치 '거울'을 보고 있는 듯한 기분마저 들었습니다.

나는 아이가 나름대로 기술을 부려서 베개에 엄마 얼굴을 그려놓고 그것을 주먹으로 마구 때리는 장면을 상상해 보았습니다. 그날 나는 너무 웃기기도 하고 기가 막히기도 해서 빨래도 다 끝내지 못했습니다. 아이의 기발한 생각에 놀라지 않을 수 없었습니다. 물론 언젠가 코비는 엄마 얼굴을 베개에 그려놓고 거기에 펀치를 날렸던 일을 재미있는 추억으로 떠올리게 될 것입니다.

코비가 엄마에게 내렸던 벌이 공식적으로 중단된 계기는, 내가 K마트의 세일기간에 가족들의 베개를 새로 교체하고 난 뒤부터였습니다. 나는 여섯 식구를 위해 5개의 새 베개를 샀습니다. 그 날 코비는 왜 자신만이 새 베개를 받을 수 없는지 물어보지 않았습니다.

시간이 흘러 그 아이는 작년 가을에 대학 기숙사에 들어가기 위해 집을 떠났습니다. 아마도 엄마 얼굴에 강펀치를 날렸던 그 베개를 가지고 갔을 것이라고 생각합니다.

하지만 이제 400마일 떨어진 대학 기숙사에서 걸려오는 전화에서 코비의 목소리는 엄마에 대한 사랑과 따스함으로 가득합니다. 요즘 코비는 아마도 그 베개에 주먹을 날리는 것이 아니라 엄마를 생각하며 꼭 껴안고 잠이 들 것입니다.

아이들이 화를 내고 짜증을 부릴 때 내 마음이 진정될 수 있는 방법을 알려주세요. 그리고 말과 행동보다 합리적인 생각이 앞설 수 있도록 도와주세요. 아이들에게 자신이 화가 났을 때 어떻게 참아야 하는지, 나의 경험을 알려주면서 바르게 깨우쳐줄 수 있도록 도와주세요.

| 데보라 래니의 아름다운 소망 |

고양이 침대

아침부터 모니카는 고양이 재스퍼에게 어울리는 집을 만들어야 한다며 수선을 피우고 돌아다녔습니다.

"평범하고 오래된 사과박스는 맘에 들지 않아."

모니카는 보통 박스가 아니라 보드랍고 두툼하게 바닥을 채우고 동그란 모양의 입구를 만들어 살구색 고양이가 들어갈 수 있는 침대를 만들어주고 싶어했습니다.

"모니카, 가게에서 파는 애완 동물 침대는 너무 비싸단 말이야."

나는 아이의 마음을 돌려보려고 애쓰고 있었습니다.

"그리고 재스퍼가 그 안에서 자는 것을 싫어할 수도 있어."

"하지만 엄마, 재스퍼도 침대를 가질 권리가 있다고요."

아이는 한 발도 물러서지 않고 고집을 부렸습니다.

"특별한 걸루요, 네? 엄마……."

나는 모니카의 커다란 푸른색 눈을 바라보며 그 아이가 정말로 재스퍼의 특별한 보금자리를 원하고 있다는 생각이 들었습니다.

크리스마스 이브 때 고양이를 선물 받은 이후, 모니카는 재스퍼도 엄연히 우리 가족이 되었으니 충분히 자격이 있다고 하면서, 우리 가족이 오붓이 즐기는 한가로운 오후의 티 파티에도 초대하여 거실 한 구석에 고양이를 위해 마른 먹이와 물을 준비할 정도로 애지중지했습니다.

모니카는 분홍색 인형이 타고 있던 모형차에 재스퍼를 태워주는 것을 즐거워했고, 고양이가 인형이 입고 있던 푸른 모직 모자와 플란넬 잠옷을 못살게 굴어도 다 용서해 주었습니다. 재스퍼는 총명한 고양이로 모니카가 자기에게 완전히 관심을 가질 수 있도록, 먼저 장난을 걸어오기도 하였습니다.

"그럼, 시장에 가서 쓸 만한 것이 있는지 찾아보자."

내가 딸아이에게 제안했습니다.

"그래요 엄마, 아마 새로운 박스가 많이 있을 거예요. 그냥 마분지 상자보다 좋은 것이 분명 있을 거예요."

시장으로 가기 위해 집을 나서면서 모니카는 기도했습니다.

"주님, 재스퍼에게 알맞는 침대를 알고 계신다면 제발 찾을 수 있게 도와주세요."

나는 한 상점으로 모니카와 함께 들어갔습니다. 나이가 들어 보이는 점원이 무릎 밑까지 내려오는 하얀 앞치마를 두르고 일을 하고 있었는데, 무척 친절한 미소를 짓고 있었습니다. 나는 그 친절한 웃음을 믿고서 모니카가 찾고 있는 상자에 대해서 설명했습니다.

"한 번 창고에 가서 적당한 게 있는지 살펴봐야 알겠는데요."

그는 안경을 잡아 기울이면서 모니카를 보았습니다. 그러더니 박스를 찾기 위해 창고로 사라졌습니다. 모니카는 정말 괜찮은 것을 찾을 수 있을까 하는 표정으로 서 있었고, 그러는 동안 아이의 얼굴에 남아 있던 희미한 웃음도 사라졌습니다. 그러나 그가 돌아왔을 때 모니카는 그의 손에 들린 예쁜 나무상자를 보고, 너무 기뻐서 도저히 입을 다물 수 없을 지경이 되었습니다.

그리고 더욱 놀라운 것은 향기로운 포도, 노란 멜론, 그리고 톡톡 터지는 사파이어 색깔의 딸기 무늬가 새겨진 상표 가운데에, 굵고 붉은색으로 '재스퍼'라고 쓰여진 스티커가 떡 하니 붙어 있는 게 아니겠습니까! 스티커 아래쪽에는 '캘리포니아의 최고 과일'이라는 광고 문구가 인쇄되어 있었습니다.

"아저씨한테 물어봐야지. 우리가 가져도 되는 건지."

나는 웃으며 말했습니다.

"오 정말 놀라워요! 아저씨 감사합니다."

모니카는 갑자기 내 허리에 팔을 감고서 말했습니다.

그는 평범한 나무상자에 너무 감격해하는 모니카의 행동이 이상하다는 듯 눈썹을 오르락내리락했습니다.

"이 상자는 오직 우리 집 고양이를 위한 거예요."

모니카는 잠시 말을 멈추고 나서는 신이 나서 이렇게 덧붙여 말했습니다.

"제 고양이 이름이 재스퍼거든요!"

나는 모니카가 좋아라 하는 모습을 보고 지갑을 뒤지면서 말했습니다.

"어떻게 감사를 드리지요?"

그가 웃으면서 말했습니다.

"아니요, 됐습니다. 그냥 가져가세요."

우리는 그 친절한 신사에게 다시 한번 감사의 인사를 했습니다. 우리는 서로의 어깨에 다정하게 팔을 올린 채 박스는 들고 상점을 나왔습니다. 이제 재스퍼는 완벽한 침대를 가지게 된 것입니다.

정말 생각지도 못한 기적이지요. 혹시, 우연? 절대 아닙니다! 축복? 물론이죠!

내 아이가 지혜로서 세상에 다가갈 수 있도록 축복해 주세요. 또한 그 애는 내게 어떠한 도움도 구할 수 있습니다. 아이가 자신의 가장 큰 걱정거리부터 사소한 것까지 내 앞에 숨김없이 이야기할 수 있는 마음을 주셔서 감사합니다. 내가 그 아이 곁에 항상 함께 할 수 있도록 도와주세요.
| D. J. 노트의 *아름다운 소망* |

엄마가 완수해야 할 임무

"스파이더 맨! 빨리! 난 너의 도움이 필요해. 방사능 물질이 지금 부엌에 떨어졌어, 지금 제거하지 않으면 우리 가족 모두가 파괴될 수도 있어!"

다섯 살 된 우리 아들이 영웅처럼 씩씩하게 행동하는 때가 있는데 그것은 바로 '임무'와 관련된 일입니다.

내가 임무를 주면 그 애는 먼저 싱크대 아래에 있는 자신의 비밀 무기함에서 임무를 수행하기에 적합한 무기를 고릅니다. 오늘은 초록색 스폰지와 분홍색 플라스틱 수세미를 골랐군요. 그 애는 그 스폰지와 수세미를 붙여서 맨발에 구두끈으로 고정합니다. 그럼 멋진 바닥청소용 '스케이트'가 됩니다.

그 애가 바닥에 떨어진 '폭탄'을 제거하자마자 우리 집은 어떤 무시무시한 적군의 위협으로부터 안전하게 보호되는 것입니다.

어떤 날은 우리 아들에 의해 부엌 바닥에 딱딱하게 눌러 붙은 시리얼이 물에 불려져 깨끗하게 제거됩니다. 또 어떤 날은 탁자 아래 떨어진 설탕가루가 최고의 기술을 가진 작은 전사에 의해 안전하게 중성화됩니다. 아들은 신기하게도 그 설탕가루가 엉겨붙은 바닥을 따뜻한 물과 세제방울을 섞어서 닦아내야 한다는 것을 알고 있지요.

특히, 군기가 바짝 오른 날은 우리 아들은 심지어 스파이더 아기 형제들이 악에 대항하는 홍보에 참여하기도 합니다. 그 애는 자신의 무기인 젖은 걸레를 들고 폭발의 위험이 큰 물질에 맞서는데, 바로 부엌 벽에서 잘 떨어지지 않는 음식물 자국이지요. 그것은 그 애가 사투를 벌여 싸워야 할 대상이 됩니다.

그러면 나는 방에서 청소를 하면서 때때로 도저히 통제할 수 없는 장난꾸러기 우리 아들이 그렇게 힘들 일도 척척 해낼 수 있는 아이로 커가고 있다는 기쁨에 젖어서 유쾌하게 먼지를 털어냅니다.

내가 생각해도 우리 아들은 너무 똑똑합니다. 그 애는 엄마의 일을 돕는 모든 과정을 하나의 신나는 게임으로 만들어 버렸으니까요. 그 애는 자신의 시간을 재미있게 보내면서 동시에 우리 집 마루를 깨끗하게 만들어줍니다!

아마 하늘에서는 천사가 하느님에게 즐거운 표정을 지으며 이렇게 말하겠죠?

"어떻게 저렇게 귀엽고 사랑스런 아이를 만드셨어요? 저 여자를 보세요. 설거지를 하고 더러운 양말을 골라내고 저렇게 많은 단조로운 집안 일을 계속하면서도 웃으면서 콧노래까지 부르는 것 같아요. 아마 누구도 저렇게 행복할 수는 없을 것 같은데요? 어떻게 하신 거예요?"

그러면 하느님이 점잖게 천사에게 윙크를 하겠지요.

"아무것도 아니다. 각자의 삶에 맡겨진 임무를 스스로 하도록 동기를 불러일으키는 것은 별로 힘들지 않아."

아이들은 나의 영웅입니다. 내가 아이들을 길러내는 임무를 완성할 수 있도록 도와주세요. 아이들이 삶의 모험을 헤쳐가면서 자신의 의무를 다할 수 있도록 도와주세요. 이 세상과 이웃을 사랑하고, 가족을 잊지 않도록 해 주세요. 그리고 엄마의 마음 속에는 항상 자신들을 따뜻이 품고 있다는 사실을 아이들이 느낄 수 있도록 도와주세요.

| 줄리아 서튼의 아름다운 소망 |

크리스마스 선물

　내가 왜 그렇게 우울해 보이는지 아이들은 전혀 사정을 알아채지 못한 것 같아 한결 마음이 놓였습니다. 만약 고든과 켈리가 12월의 추운 날 우리의 형편이 매우 좋지 않다는 것을 알았다면 얼마나 슬퍼했겠어요.

　켈리는 유치원에 다니고, 고든은 1학년이었기 때문에 나름대로 매우 바쁜 일정을 보내고 있었습니다. 하지만 아이들은 뭐니뭐니 해도 크리스마스를 앞두고 온통 들떠 있었습니다. 거실에서는 안테나가 달려 있는 작은 텔레비전에서 얼마 남지 않은 크리스마스에 쓸 장난감과 트리 장신구들을 선전하는 광고가 끝없이 나오고 있었습니다. 그 광고들은 마치 아이들의 환호성에 강조점을 찍는 것 같았습니다.

　"오 엄마, 저거 크리스마스 때 사주세요! 엄마, 산타할아버지가 나에게 저것 중에서 하나를 선물로 주실까요?"

그럴 때마다 나는 항상 힘이 없었고 어물쩍 넘어갔습니다. 심지어 아이들에게 산타할아버지가 걸어둔 양말에 선물을 채워주는 것이 아니라, 사실은 엄마가 포장해 놓은 선물을 양말에 넣어주는 것이라고 말할 정도였습니다. 나는 아이들이 크리스마스날 성 니콜라스 할아버지 때문에 실망하는 것을 원치 않았거든요.

그런데도 내 말을 들은 아이들은 여전히 기를 꺾지도 않았고, 실망하여 기대를 버리지도 않았습니다.

나는 슬픈 눈으로 우리의 오래된 아파트를 쳐다보았습니다. 페인트는 벽에서 모두 떨어지고 다 헤어진 카펫과 오렌지 상자로 만든 커피 테이블이 있었습니다.

어쨌든 나는 오늘 아이들을 위해 바쁜 하루를 보내기로 했습니다. 우리는 크리스마스트리를 장식할 장식품이 너무나도 부족했습니다. 나는 온갖 아이디어를 짜내서 멋지게 트리를 장식하고 싶었습니다. 나는 아이들과 종이 사슬을 만들어 우리의 작은 트리에 화관처럼 둘러주었습니다. 그리고 두꺼운 상자를 잘라 별 모양을 만들고 그것을 알루미늄 코일로 감싸 빛나는 별을 만드는 솜씨를 발휘했습니다.

고든과 켈리는 우리의 작은 크리스마스트리가 너무 멋지다고 난리였습니다. 나는 그런 아이들의 모습을 보고 기뻐하는 동안에도 사실은 마음 속으로 계속 걱정을 했습니다. 아이들은 우리가 얼마나 가난한지 알지 못하고 그것을 이해할 나이도 아니었습니다. 그 애들이 크리스마스 아침이 되면 무엇을 생각하게 될까요? 아침에 일어났더니 트리 아래에 아주 작고 볼품 없는 선물 몇 개가 놓여 있는 게 고작이라면 말입니다.

다음 날 크리스마스의 아침은 어김없이 찾아왔고 고든과 켈리의 아침도 일찍 시작되었습니다.

"엄마! 엄마! 산타클로스가 왔다갔어요! 일어나 보실래요?"

더 이상 감출 것도 없었고 놀랄 만한 일도 없었습니다. 나는 그저 얼굴에 웃음을 가득 보이고 커피 잔을 가지러 갔고, 그것을 들고 오면서 가슴속에 근심으로 단단해진 돌을 함께 매달고 와서 소파에 앉았습니다. 두 아이의 작은 얼굴이 들뜬 표정으로 나를 바라보았습니다.

"어느 걸 먼저 열어볼까요?"

나는 조심스럽게 두 개의 작은 선물을 가리켰습니다.

"열어보렴."

아이들은 조심스럽게 포장을 찢었습니다. 안에는 속옷이 들어 있었습니다.

"엄마 고맙습니다."

나는 아이들의 합창을 듣고 희미하게 겨우 웃어 보였습니다. 그리고 다시 남은 선물을 가리켰습니다. 나는 그 순간에 거의 눈물을

흘릴 뻔했습니다. 고든이 다른 선물도 그냥 위에 입는 면 티셔츠라는 것을 알았을 때 얼마나 실망할까요.

언젠가 나는 단지 물질이 부족하다는 사실 때문에 우리 아이들이 좋은 사람이 되지 못하면 어쩌나 하고 큰 걱정을 했었습니다. 삶의 진정한 행복은 물질이 아니라 마음의 풍요로움과 지혜라는 것을 아이들이 깨닫게 되는 시간은 아직 멀리 있었기 때문이었습니다.

"좋은 선물이 아니라서 미안하다."

고든이 리본을 풀기 시작할 때 나는 사과하듯이 속삭였습니다. 하지만 고든은 포장지를 모두 뜯어 티셔츠를 꺼내면서 정말 진심으로 기뻐하며 말했습니다.

"오 엄마, 전 정말로 이게 필요했어요. 엄마 고맙습니다!"

켈리 또한 잠옷이 들어 있는 상자를 열어보고 나서 너무나 기뻐했습니다.

"엄마, 너무 맘에 들어요."

갑자기 우리의 가난하고 헐거운 생활에 빛이 가득 차는 것 같았습니다. 그것은 크리스마스트리 꼭대기에 매달린 알루미늄으로 만든 별에서 나오는 빛도 아니었고 내 눈에서 흐르는 눈물 때문도 아니었습니다. 그것은 내 마음이 감사와 사랑으로 커지고 아이들의 얼굴이 환해졌기 때문이었습니다.

나의 사랑스런 고든과 켈리는 벌써 마음의 풍요로움이 무엇인지, 그것이 얼마나 소중한 것인지 배운 것 같아 보였습니다. 다른 날은 잊어버리고 살아도 오늘 이 크리스마스 아침은 결코 잊을 수 없을 것입니다. 아이들은 내게 너무나 훌륭한 크리스마스 선물을 주었습니다. 그것은 값으로 따질 수 없는 나의 영원한 보물이 될 것입니다.

우리가 살면서 해야 할 일들을 감사하게 여기며 생활할 수 있도록 도와주세요. 삶은 때때로 속옷이나 양말처럼 시시할 수도 있습니다. 그 순간에 내가 아이들에게 삶의 지혜와 깨달음을 줄 수 있는 선생님이 되도록 도와주세요. 삶의 진정한 행복은 물질이 아니라 마음의 풍요로움과 지혜라는 것을 아이들이 깨닫게 도와주세요.

| 앤 매리 굿리치의 아름다운 소망 |

진짜 엄마

나는 병원 침대에 누워 희망이 사라진 슬픔에 소리 없이 흐느꼈습니다. 오늘 아침 자궁절제 수술을 받았습니다. 결국 일이 이렇게 되고야 말았습니다.

나는 이제 정말 내 속으로 절대 아이를 낳을 수 없습니다. 그리고 아이를 낳는 감격도 알지 못할 것입니다. 그리고 영원히 내가 낳은 아이를 두 팔로 안아볼 수 없을 것입니다. 나는 그러한 고귀한 은혜를 영원히 가질 수 없는 것입니다.

나는 화장지와 낡은 성경책을 집어 들기 위해 침대 옆에 놓인 책상으로 몸을 조심스럽게 구부렸습니다.

몇 년 전 처음 다발성 경화증이라는 병을 진단받고 그 병이 임신에 안 좋은 영향을 줄 가능성이 크다 말을 들었을 때, 「시편」을 읽고 나면 나도 모르게 차분해지곤 했었습니다. 나는 사랑하는 남자의 아이를 가지고 싶다고 기도했지만 그것은 불가능한 일이었습니다. 그런 몇 년 간의 기도가 물거품처럼 사라져 버린 얼마 후 전 남편으로부터 이혼서류가 날아들었습니다. 나는 그 때도 「시편」을 읽으며 마음의 위안을 삼았었습니다.

"하느님은 고독한 자를 집에 거하게 하시며······."

작은 한숨이 새어나왔습니다. 하지만 나는 성경책의 가장자리에 다음과 같이 썼습니다.

'하느님, 이렇게 될 줄 미리 아신 건가요? 그래서 제게 다시 사랑하는 가족을 주신 건가요? 제가 레이와 재혼하여 아이들과 함께 가족을 이룰 수 있는 축복을 주셔서 감사합니다.'

병실에서는 멀리 로키산맥의 정경이 창문으로 보였습니다. 레이와 딸아이들이 보고싶군요. 그들이 있기에 나는 다시 일어날 것입니다.

나는 레이 프란즈와 재혼하기 위해 그가 혼자 6년 동안 길렀던 두 딸과 함께 만났습니다. 레이는 내게 새로운 가족을 소개해 주었습니다. 그 자리에서 멜리사는 내게 아주 조용히 물었습니다.

"저희 새 엄마가 되실 건가요?"

레이는 홍당무가 된 얼굴을 돌렸습니다. 그러나 나는 그렇게 몸이 떨리는 순간에도 내 자신에게 이렇게 말했습니다.

'새 엄마는 진짜 엄마가 아니야.'

나와 레이는 14개월이 지나고 나서 결혼을 했습니다. 그 날 이후 나는 사랑스런 두 딸 린드세이와 멜리사를 얻었습니다.

어느 날 나는 아이들과 함께 격자무늬 소파에 앉아 엄마로서 행복감에 꽉 차 있었습니다. 린드세이는 자신이 가장 좋아하는 책 중에서 한 권을 나에게 읽어주었습니다. 그 책의 제목은 『지혜로운 벨벳 토끼 인형』이었습니다. 그 이야기 속에서 벨벳(거죽에 고운 털이 돋게 짠 비단)으로 만들어진 토끼는 책장을 넘길 때마다 즐겁게 뛰어다녔고 아이에게 즐거움을 주기에 충분했습니다. 작은 토끼 인형이 말에게 물었습니다.

"진짜 토끼가 될 수 있는 방법은 무엇이지?"

그러자 큰 말이 이렇게 말했습니다.

"아이들이 장난감을 사랑할 때 그것은 진짜 토끼가 되는 거야. 놀고 있을 때만이 아니라 항상 사랑할 때 말이야."

나는 아이들을 껴안고 키스하면서 "사랑해."라고 말했던 것에 대해서 생각했습니다. 아이들을 안아다가 침대에 눕히고 노래를 불러주었던 순간들도 떠올랐습니다. 아침을 준비하고 점심 도시락과 저녁을 준비하면서 아이들에게 요리와 과자를 만드는 방법을 가르쳐주었던 일도 생각했습니다. 아이들이 울면서 학교에서 돌아오면 나는 그 아이들을 내 품에 꼭 안아주었습니다.

"우리가 다른 아이와 함께 엄마를 나누지 않아서 기뻐요. 우리는 엄마를 모두 가질 수 있어요."

　이렇게 아이들이 말할 때 나는 확실히 사랑 받고 있다는 것을 느꼈습니다. 아이들에게 나는 보기에만 반짝이는 새 엄마가 아닙니다. 나는 내가 사랑 받는다는 사실을 충분히 알고 있습니다. 난 아이들의 '진짜 엄마'입니다!

　사랑하는 딸들의 눈이 뭔가를 알아채고 빛나면서 웃었습니다.

　"엄마, 정말 그래요."

　아이들은 나를 행복하게 껴안으면서 웃었습니다. 누구도 진짜 엄마가 된 나를 이 가족에서 빼앗을 수 없습니다. 누구도.

> 나는 사랑스런 아내이고 아이들의 진짜 엄마입니다! 때때로 인생은 높은 산을 오르는 것 같습니다. 물론 우리는 정상에 오르지 못할 수도 있습니다. 그리고 때때로 삶은 균형을 잃기도 합니다. 하지만 우리가 만약 산을 오르지 않는다면 그 아름다운 경치를 볼 수 없을 것입니다. 정상으로 향하는 삶의 여행에 우리가 함께 갈 수 있도록 도와주세요.
> | 조 프란즈의 *아름다운 소망* |

다시 찾은 행복

우리 둘째 딸 켈리에게도 대학 입학 지원 마감일이 다가오고 있었습니다. 가장 스트레스를 많이 받을 그 시기를 겪어본 부모라면 그 때 아이들의 생활이 어떤 것인지 잘 알고 있을 것입니다. 아이의 신경이 잔뜩 예민해져 있어서 부모들은 모두 롤러코스터를 타는 것 같은 감정에 휩싸입니다.

나는 딸 셋 중에 대학 입학을 목전에 둔 켈리와 자주 다툴 수밖에 없었습니다. 그 애가 청소년기 중에서도 가장 힘들고 어려운 시기를 보낼 때 나 역시 가장 엄마노릇하기 힘든 시기를 맞고 있었던 것입니다. 그 해 그 특별한 가을은 나에게 가장 힘든 시기였습니다.

나는 켈리가 학업과 병행해서 학교 임원으로서, 그리고 학교 연보의 편집일을 동시에 다 해내는 것을 매우 힘들어한다는 사실을 알고 있었습니다.

어느 날 오후 켈리는 대학교에 지원하는 데 필요한 에세이를 쓰느라 컴퓨터 앞에 앉아 있었습니다. 나는 그럴 때 아이가 '지금 내 기분이 편한 상태가 아니니 엄마 주의하세요.' 라는 뜻으로 보내는 신호가 어떤 것인지 잘 알고 있었습니다.

나는 정확히 어떻게 해서 그 때 우리가 이야기를 나누게 된 것인지 잘 기억나지 않습니다. 그저 나는 당시에 기분이 좋았고 그래서 간단히 그 아이를 위해 할 수 있는 것이 무엇인지 물었던 것 같습니다. 그런데 그 말을 들은 켈리가 마치 내가 낳은 딸이 아니라는 생각이 들 정도로 나에게 심한 말을 내뱉었고 나는 놀라서 거의 기절할 정도가 되었습니다.

나는 그 순간 뭔가를 선택해야 한다는 절박감이 들었습니다. 나는 너무 흥분하여 아이와 똑같은 상태가 되어, 입에서 맴도는 말들을 그냥 쉽게 내뱉어버릴 수도 있었습니다. 어쩌면 그 애의 뺨을 한 대 때려줄 수도 있었습니다. 하지만 나는 한마디도 하지 않고 그 방을 나와버렸습니다. 그리고 내가 어떻게 해야 할지 잠시 생각했습니다. 나는 며칠 동안 집을 떠나 있기로 결심했습니다. 가방에 짐을 꾸리면서 나는 아무 생각도 하지 않으려고 노력했습니다.

'엄마는 지금 집을 떠나고 있어.'

내가 짐을 거의 다 쌌을 때 이혼한 전 남편의 차가 집 앞에 도착했습니다. 켈리는 제 아빠에게 인사를 하러 나오면서 히스테릭하게 울기 시작했습니다. 나는 그제서야 그 아이에게 무슨 일이 있었는지 듣게 되었습니다. 내 방은 현관 바로 가까이 있었기 때문에 켈리가 울면서 전 남편에게 나에 대한 끔찍한 이야기를 털어놓고 있는 것을 들을 수 있었습니다.

나는 그 순간 영원히 그 아이를 용서할 수 없을 것 같은 생각이 들었습니다. 톰은 아이들을 만날 때마다 항상 그랬듯이, 그 때도 멋진 아빠의 역할을 하기 위해 아이를 껴안아 달래주었습니다.

나는 켈리의 우는 소리를 들었을 때 마음이 흔들리는 것을 느꼈습니다. 나는 짐을 싸는 것을 그만두고 방을 나와서 켈리를 껴안고 그 애의 사과를 받아주고 모든 것이 다 괜찮아질 것이라고 말할 수도 있었습니다. 하지만 모든 상황이 너무나도 좋지 않습니다. 나는 마음속으로 만약에 이번 일을 통해 우리가 뭔가를 배울 수 있는 기회가 될 수 있다면, 잠시 그 고통을 있는 그대로 내버려 둘 필요가 있을지도 모른다는 생각을 하게 되었습니다.

나는 짐을 다 싼 후에 방을 나왔습니다. 나는 가방을 들고 선 채 며칠 간 여행을 떠날 것이라고 말했습니다. 화를 내거나 눈물을 흘리지도 않았으며 감정적으로 말하지도 않았습니다. 나는 단지 지금은 내가 떠나고 싶을 뿐이라는 것을 담담하게 이야기했습니다. 내가 떠나 있는 기간엔 평소 아이들이 중요하게 여기는 행사인 내 생일도 끼어 있었습니다. 나는 누구도 선물을 준비하는 일은 하지 말라고 부탁했습니다. 나를 위한 유일한 선물은 내 자신으로부터 떠나 있는 시간뿐이었습니다.

나는 집을 떠나 있는 동안 누구와도 절대 연락하고 싶지 않다고 말했습니다. 물론 아이들이 급하게 나를 필요로 하는 일이 벌어질 수도 있을 것입니다. 그러나 내가 원하는 것은 이번 여행만이라도 모든 시간과 공간을 완전히 나의 것으로 사용하는 것이었습니다.

나는 가족을 끌어안으면서 조용히 인사했습니다. 하지만 나는 켈리를 타이르지도 않았고, 엄마가 했던 말에 대해 다시 곰곰이 생각해보라는 말도 하지 않았습니다. 그 아이는 이미 알고 있었을 것입니다. 내가 그 애의 사랑으로부터 아주 멀리 여행을 떠나는 것이 아니라, 잠시 있어야 할 엄마의 자리를 비워 두는 것이라는 사실을 말입니다.

집을 나온 후 나는 식구들이 아무도 모르는 곳으로 갔습니다. 한적한 마을의 허름한 별장을 며칠 간 빌리기로 했습니다. 나는 매일 저녁 따뜻한 불가에 앉아서 책을 읽었습니다. 크리스마스 선물로 쓸 모포를 뜨개질하기도 했고 그냥 무작정 밖으로 나와 오래도록 산길을 걷기도 했습니다. 글도 썼습니다. 그렇게 내 삶의 빈 잔을 채우면 그 잔은 오로지 나만의 것이 되었습니다.

어느덧 보름이 지났을 때 나는 조용히 집으로 돌아왔습니다. 내 기분은 새로워져 있었고 몸에는 새로운 에너지로 가득 찬 것 같았습니다. 그 날은 우연히 켈리가 혼자서 집을 지키고 있었습니다. 켈리는 나를 껴안더니 거실에서 이야기를 나누는 것이 어떠냐고 물었습니다.

우리는 거실로 들어가 앉았습니다. 켈리는 나에게 몇 개의 선물을 내밀었습니다.

"엄마 열어 봐요."

처음 선물은 내가 가장 좋아하는 향기 나는 양초였습니다. 켈리는 그것을 사기 위해 족히 30마일은 운전해서 다녀왔을 것입니다. 우리는 버지니아 북부에 위치한 시골 마을에서 살고 있었기 때문에 딸아이가 이 양초를 사기 위해 어디까지 가야 하는지를 잘 알고 있었습니다. 나는 정말 감동 받았습니다.

다음 선물은 켈리가 직접 그린 그림이었습니다. '지금'이라는 제목이 붙은 그림이었는데 편지도 함께 들어 있었습니다.

엄마 보세요.

어렸을 때 웃고 있는 제 옆에는 항상 엄마가 있었습니다. 저에게 함박웃음을 보이시면서요. 제가 울고 있었을 때에도 엄마는 거기에 있었어요. 항상 그곳에 계셨습니다. 그냥 소박하고 아름답게, 완전히 때묻지 않은 순수한 모습으로 말이죠.

저는 엄마에게 꽃과 햇살과 행복의 그림을 그려주었습니다. 그런데 상황이 바뀌었습니다. 전 엄마를 아프게 했습니다. 누구도 아프게 해 본 적 없는 엄마를 말입니다. 그리고 제 자신도 아프게 만들었습니다. 저를 이 세상에 살도록 만들어준 엄마에게 상처를 주었습니다. 저에게 자신의 전부를 주었던 엄마를 아프게 했습니다. 전 울었습니다. 날은 어두웠습니다.

이제, 엄마가 돌아왔으니 저는 다시 웃을 수 있습니다. 전 엄마에게 사랑한다고 말하고 싶어요. 사랑합니다. 전 엄마에게 어둠을 대신할 수 있도록 생일 촛불을 드립니다. 저는 엄마를 위한 행복의 그림을 그리겠습니다.

켈리의 편지를 읽고 나니 눈물이 내 볼을 타고 내려왔습니다. 나는 그렇게 거실에 앉아서 딸이 그린 추상화를 보았습니다. 푸른색과 초록색, 밝은 노란색의 바탕은 마치 촛불의 불꽃을 연상시키는 듯했습니다. 그림에는 연필로 '항상 사랑하는 켈리' 라고 적혀 있었습니다.

나는 깨달았습니다. 그것은 사랑의 끈을 다시 확인하는 순간이었고 켈리와 나 사이의 믿음을 다시금 소중히 여길 수 있도록 한 순간이었습니다.

나는 도대체 내가 어떻게 아이들을 떠날 생각을 할 수 있었는지, 어떻게 그 끔찍한 날 밤에 집을 나가게 된 것인지 지금도 이해할 수 없습니다.

그 날 이후 켈리와 나는 서로의 소중함을 발견하게 되었고 서로 마음속 깊이 솔직해졌습니다. 내가 그 선물을 받았던 날은 일생에서 가장 축복 받은 소중한 날입니다. 우리는 항상 변함 없이 마음 깊은 곳을 따뜻하게 만들어주는 즐거운 기억을 가지게 되었습니다.

나는 아이들을 소중히 여기지만 그럴수록 내 자신도 소중히 여겨야 한다고 믿습니다. 나를 지혜와 사랑이 가득한 사람이 되게 해 주세요. 비록 어쩔 수 없이 가족을 잠시 떠났었지만 아무에게도 상처를 주고 싶지 않았던 그 날들처럼, 가족들을 깊이 사랑할 수 있도록 도와주세요. 내가 그들에게 정말 소중한 사람이 될 수 있도록 도와주세요.

| 바비 윌킨슨의 *아름다운 소망* |

엄마를 닮았어요

"너 셸리 딸이지! 딱 보니까 알아보겠네. 정말 네 엄마랑 너무 똑같구나!"

내가 이런 말을 얼마나 많이 들었는지 아세요? 거울을 들여다보면 초록색 눈에 금발머리를 한 내 모습이 보입니다. 엄마를 바라보면 엄마는 파란 눈에 갈색 머리를 하고 있어요. 그런데도 어디가 닮았다는 것일까요? 나는 도저히 알 수가 없어서 그런 말을 들을 때마다 머리를 절레절레 흔들고 말았습니다.

나는 생각보다 훨씬 더 자주 그 말을 듣는 편이었어요. 사람들이 하는 말을 들으면, 내 외모, 행동, 걸음걸이, 말하는 톤과 웃음까지 엄마를 쏙 빼 닮았다는 겁니다! 얼마나 운이 좋습니까? 난 사실 엄마를 너무 좋아했거든요. 만약 누군가가 나에게 엄마를 닮았다고 이야기한다면 웃으면서 "감사합니다."라고 말할 겁니다.

내가 아직 어린 소녀였을 때 엄마가 화장을 할 때면 그 모습을 아주 즐겁게 쳐다보았습니다. 엄마는 작은 솔에 물을 묻혀 푸른색 아이섀도를 묻힙니다. 그 솔을 엄마의 눈에 갖다 대면 마치 마술이 벌어지는 것처럼 보였어요. 난 우리 엄마가 이 세상에서 가장 아름다운 여성이라고 생각했습니다.

나는 아플 때면 얼른 낫기를 바라는 마음에 엄마에게 더 의지하곤 했습니다. 엄마는 딸기잼과 양송이 수프를 항상 준비해 두었어요. 나는 그 수프에 닭고기 살과 딸기잼을 바른 빵을 찍어 먹는 것을 아주 좋아했어요.

하지만 이제 나는 더 이상 어린 소녀가 아닙니다. 이미 내 얼굴에선 마흔의 나이가 물씬 느껴지기 시작했습니다. 아무도 내가 아직도 엄마 앞에서 엄살을 피우고 싶어한다고 생각하지 않습니다. 물론 딱 한 사람 빼고요. 바로 우리 엄마입니다.

10년 전, 나는 인생이 완전히 바뀌는 하루를 경험했습니다. 그때에도 나는 엄마의 손을 잡고 쇼핑을 하고 있었는데 아주 놀라운 일이 일어났습니다. 바로 내가 엄마가 된다는 사실을 알게 되었던 것입니다. 그 기분이 어떤지 아세요?

엄마는 내가 아기를 낳고 나서 우리 집에 몇 주간 머물러 계셨습니다. 엄마는 완전히 하늘이 내려준 선물이었죠. 엄마는 나에게 음식을 가져다주었고, 빨래를 해 주었고, 방도 치워주었습니다. 그리고 손녀딸에게 키스를 하고 함께 놀아주면서 내가 낮잠을 잘 수 있도록 해 주었습니다.

그렇게 시간이 흘러 어느덧 내 딸 캐시가 네 살이 되었습니다. 어느 날 내가 캐시를 데리고 쇼핑을 하는 중이었습니다. 이웃집 할머니가 캐시를 보더니 이렇게 말하는 게 아닙니까.

"너 엄마 정말 많이 닮았다."

나는 그 말을 듣고 정말 자랑스러웠습니다. 그 말이 얼마나 달콤한 말인지 나는 이미 알고 있었으니까요.

그러던 어느 날 나를 완전히 사로잡은 일이 발생했습니다. 나는 캐시의 뒤에서 걷고 있었는데 갑자기 딸애의 통통한 손이 자기 머리에 가 닿더니 머리를 잡아당겨서 뒤로 묶는 시늉을 하는 것이었습니다. 그리고 그것을 비틀어서는 하나로 꽉 쥐는 것이었습니다. 나는 멈춰 서서 그 모습을 바라보았습니다. 내 입은 완전히 벌어져 있었고 눈은 휘둥그래졌습니다. 왜냐하면 내가 그런 행동을 너무나 자주 반복했었기 때문입니다.

나는 그 놀라운 행동을 보고 내 행동이 딸아이의 작은 눈에 항상 비치고 있다는 사실을 알게 되었습니다. 솔직히 그러한 발견에 두려운 마음도 들었습니다. 내 행동이 과연 항상 좋기만 했던 것일까요?

그 날 이후 나는 행동 하나하나를 조심스럽게 주의했습니다. 내

딸이 누군가에게 그 말을 들을 때 기쁘게 받아들였으면 좋겠다는 생각을 하면서 말입니다. 캐시가 사람들에게 자랑스러워할 만큼 훌륭한 삶을 살아야겠다는 생각도 들었습니다.

어때요. "엄마를 닮았다."는 말 정말 달콤하지 않나요?

내가 우리 부모님을 따라하듯 아이도 무엇이든 나를 따라하고 있습니다. 아이들의 행동에 좋은 영향을 미칠 수 있도록 지혜로운 엄마가 되게 해 주세요. 내 아이들이 엄마를 닮았다는 말을 기쁘게 받아들일 수 있도록 도와주세요. 아이들이 건강한 몸과 생각을 가질 수 있도록 바르게 이끌어주세요.
| 빅키 뱅크스의 아름다운 소망 |

아름다운 유산

사람들은 유산을 보통 돈이나 보석으로 생각합니다. 하지만 꼭 그런 것만 있는 것은 아닙니다. 우리 집 아이들은 그들의 할머니로부터 너무나도 귀중한 유산을 물려받았습니다.

나의 시어머니, 그러니까 아이들의 할머니는 여든넷이 되던 해에 얼마 동안 우리 식구와 함께 살게 되었습니다. 어머니는 매일 아침마다 혼자만의 의식을 치렀습니다. 그 의식이야말로 어머니가 유일하게 전혀 헷갈리지 않고, 온전한 정신으로 하실 수 있는 일이었습니다.

아침식사를 드신 후에 어머니는 혼자만의 밀실로 걸어가서는, 단정히 앉아서 하루의 기도를 올렸습니다. 그런데 문제는 성경책을 볼 수 있는 돋보기가 아침마다 항상 어딘가로 사라진다는 것이었습니다. 어머니는 그것을 전날 하루 종일 가지고 계셨지만 다음 날 아침이면 어디에 두셨는지 전혀 기억해 낼 수 없었습니다.

그래서 우리 식구들은 매일 의자방석을 들춰내거나 심지어는 휴지통까지 뒤져야 했습니다. 불편한 몸 때문에 어머니의 산책 장소는 집안에 있는 몇 개의 방으로 제한되어 있었는데도 불구하고, 돋보기를 찾아낼 때면 우리는 항상 놀라지 않을 수 없습니다.

돋보기는 날마다 그 위치를 달리해 숨어 있었습니다. 어떤 날은 은그릇을 넣어두는 서랍 속에, 어떤 날은 새로 개어놓은 수건 사이에, 또 어떤 날은 약들을 넣어놓는 서랍 속에 들어 있었습니다.

어느덧 시어머니의 돋보기를 찾는 일은 우리들의 아침 일과가 되었습니다. 어떤 날은 아이들은 물론 아이들의 친구들까지 동원되어 그것을 찾았습니다. 그리고 우습게도 언제부터인가 그 돋보기를 찾는 것은 완전히 경쟁적인 놀이가 되었지요.

우리 아들은 다른 안경을 하나 더 사면 그것을 찾느라 들이는 수고가 좀 덜어지지 않겠느냐고 제안했습니다. 물론 좋은 생각이었지요. 그러나 우리는 어머니에게 맞는 적당한 안경 상표를 정할 수가 없었습니다. 다른 제품은 눈에 잘 맞지 않았거든요. 딸아이는 우리야말로 할머니의 돋보기를 바로 찾을 수 있도록 엄청나게 큰 안경이 필요하다고 우스갯소리를 했습니다. 때로 어머니는 장소를 자꾸 혼동하시는 바람에 우리들이 돋보기를 찾는 일은 그만큼 어려웠습니다. 그러면 미안한 표정으로 이렇게 말씀하셨지요.

"애들아 걱정하지 마라. 돋보기는 그만 찾아라."

그러나 아이들은 계속해서 돋보기를 찾았습니다. 왜냐하면 소중한 할머니가 매일 하던 기도를 놓치고 나면, 그 날 하루 종일 초조하게 지내시는 것을 너무도 잘 알고 있었기 때문이었지요.

그러나 그렇게 낭패감에 휩싸이게 만드는 일들이 오히려 아이들에게는 영감을 주었던 모양입니다. 아이들은 모두들 그 날들을 기억하고 있습니다. 할머니가 자신들이 입었던 옷의 단추를 채워주시거나 아이들이 못 여는 병을 직접 열어주셨던 일을 말입니다.

이제 어머니는 1분 전의 일도 전혀 기억하지 못합니다. 그리고 자주 같은 질문을 반복해서 다시 물어옵니다. 하지만 성경책을 읽는 것은 절대로 잊지 않았습니다.

어머니의 눈이 점점 보이지 않게 되었을 때, 2학년짜리 딸아이에게 성경 구절을 읽어달라고 부탁하셨습니다. 딸아이는 자랑스럽게 목소리 높여 성경책을 읽었습니다. 왜냐하면 할머니의 칭찬을 듣고 너무 기뻐했거든요.

딸아이는 가끔씩 자신이 할머니에게 성경책을 읽어드렸을 때 얼마나 기분이 좋았는지에 대해서 이야기합니다. 우리는 여전히 아침마다 돋보기를 찾았던 일을 떠올리면서 웃습니다.

어머니가 정신적으로 육체적으로 건강이 극도로 약해져 가는 것을 지켜보면서 나는 가끔 내 삶을 생각합니다. 어머니는 두 번의 전쟁과 대공황도 경험했습니다. 30대 중반이었을 때는 남편이 자동차 사고를 당해 큰 수술을 받았고 결국은 장애를 가지게 되는 것도 지켜보았습니다.

어머니는 어떻게 그 모든 일들을 다 견뎌냈을까요? 그 작은 몸 어디에서 그런 힘이 나왔던 것일까요? 어머니는 아들 두 명을 훌륭하게 키워냈는데 한 명은 재산관리인이 되었고 한 명은 항상 남을 돕는 목사가 되었습니다. 어떻게 그렇게 훌륭히 자식을 길러낼 수 있었을까요?

이러한 질문에 대답하기 위해 돋보기를 찾을 필요는 없습니다. 손자들에게 물려준 그 소중한 추억 말고 더 이상 귀하고 아름다운 유산은 없으니까요.

> 만약에 내가 아이들과 손자들을 위해 남길 물건을 고를 수 있다면 나는 돈을 고르지 않을 것입니다. 나는 믿음, 인간성, 사랑을 고르겠어요. 돈을 통해서 큰집을 지을 수 있을지는 몰라도, 행복한 가정을 만드는 것은 사랑이니까요.
> | 데니스 호킨스 캠프의 *아름다운 소망* |

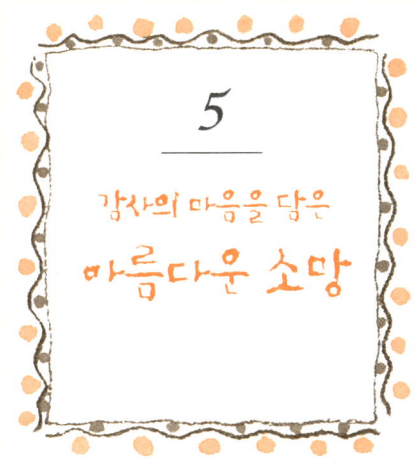

5
감사의 마음을 담은
아름다운 소망

엄마에게 줄 수 있는 최고의 선물은
바로 감사의 마음을 표현하는 것이다.

작자 미상

엄마가 해야 할 소중한 일은 아이들이 스스로의 길을 가야 할 때까지

가정 안에서 보살피는 것이다.

*

작자 미상

사랑의 순환

이제 얼마 후면 '어머니의 날'이 다가옵니다. 나는 엄마에게 보낼 적당한 선물이 없나 열심히 생각하고 있는 중입니다.

아주 오래 전, 내가 다섯 살이었을 때 찾아온 어머니날에는 유치원에서 만든 장미꽃을 선물했습니다. 학교에 입학하고 나서부터는 조잡한 글씨로 가득 찬 편지나 그림엽서, 금새 부러져버릴 것 같은 플라스틱 장신구가 다였습니다.

그러다가 학교를 졸업하고 직장에 다닐 무렵에는 엄마의 몸에 맞지 않는 블라우스와 어울리지 않는 스카프, 실용성이라곤 전혀 없는 나이트 가운도 포함되었습니다. 그렇게 이머니날 선물은 아무런 감동도 주지 못하고 쌓여만 갔습니다.

나는 이번 어머니날만큼은 기억에 남는 선물을 해 드리고 싶었지만 지난해와 마찬가지로 엄마를 위한 특별하고 새로운 선물이 떠오르지 않았습니다.

'올해는 또 뭘로 하지?'

나는 벌써 두 아이의 엄마가 되었습니다. 그래서 우리 엄마가 식구들을 보살피느라 얼마나 힘들었는지, 자식 걱정에 하루도 편할 날이 없었던 엄마의 심정을 십분 이해하고 있다고 자부했습니다. 하지만 엄마를 얼마나 사랑하고 의지하는지 내 마음을 보여줄 수 있는 기회는 쉽게 다가오지 않았습니다.

나는 오래 전에 엄마가 미싱 앞에서 많은 시간을 보내며 내가 독주회에 입을 옷이나 부활절에 입을 드레스, 특별한 날의 파티에 입을 가운을 만들어냈던 것을 기억하고 있습니다. 엄마는 매년 내 생일날 정성스럽게 초콜릿 케이크를 만들어주었고, 교복을 다림질하거나 먼지를 떨어내는 방법, 구두에 광택을 내는 방법, 침대를 다듬고 창문을 청소하는 방법을 알려주었습니다.
언제부터인가 엄마의 어깨너머로 요리를 배운 나는 완벽하게 얇은 파이를 구워낼 수 있었고 적절하게 도넛 반죽을 할 수 있게 되었습니다. 열일곱 살 때 편도선 절제수술을 받고 난 후 악몽을 꾸고 막 깨어났을 때, 엄마가 내 머리맡에서 밤새 기도를 하고 있었던 모습도 떠오르는군요.
엄마는 정말로 나에게 너무나 많은 사랑을 베푸셨군요. 어떻게 모두 보답할까요? 그 모든 감사의 마음을 어떻게 표현할 수 있을까요? 내가 엄마를 얼마나 사랑하는지 내 마음을 어떻게 보여줄 수 있을까요?

내가 그런 생각에 잠겨 있을 때 방문이 열리고 다섯 살 된 사라가 뭔가를 들고 왔습니다. 딸아이의 손에는 향기가 날아가 버린 민들레 다발이 들려 있었습니다. 뭐가 그렇게 즐거운지 사라의 얼굴에는 웃음이 가득했습니다.

그 순간 이런 생각이 들었습니다. 이 민들레는 아마도 사라가 지금 내게 줄 수 있는 가장 훌륭한 선물이겠지요? 사라가 나에게 선물하는 그 모습은 정말로 너무나 순수하고 예뻤습니다. 나는 사라를 내 품에 가득 안아주고 나서 내 딸의 이 특별한 선물을 꽂아둘 꽃병을 찾았습니다.

'아 엄마, 이제 알겠어요. 유치원에서 돌아와 엄마에게 드렸던 그 장미꽃은, 그냥 장미꽃이 아니라 바로 내 마음이었어요. 그리고 당신은 항상 내게 선물을 받은 것이 아니라 오히려 내게 선물을 주셨던 거군요.'

내 마음은 너무나 평안해지고 기쁨으로 가득 차 올랐습니다. 나도 반드시 내 딸에게 그렇게 해 줄 것입니다. 엄마가 나에게 가르쳐주었던 사랑과 기쁨을 사라에게도 가르쳐줄 것입니다. 그리고 사라가 커서 자기 아이를 가지게 될 때, 나의 이런 마음을 그 애에게 가르쳐주기를 기도할 것입니다.

그러면 계속해서 사랑의 순환이, 서로를 받아주는 아름다운 가족애가 우리에게 이어질 것이라 믿습니다.

엄마에게 감사 드리는 이 연약한 마음은 분명 민들레처럼 아주 옅은 향기를 담은 꽃과 같습니다. 그렇지만 엄마는 나를 사랑합니다. 엄마는 내 맘을 받아주시고 특별한 선물을 주셨습니다. 엄마는 나를 항상 보살펴주었고 미소를 잃지 않았습니다. 언제나 엄마의 사랑을 기억하고 감사의 마음을 잃지 않고 살아갈 수 있도록 도와주세요.
| 버디 L. 에치슨의 *아름다운 소망* |

첫 번째 이메일

"엄마, 필요한 것은 전화와 모뎀 잭이라고요."

열다섯 살 먹은 우리 아들 클레이가 벌써 세 번이나 똑같은 말을 하고 있었습니다.

"클레이 알았어, 나중에 전시회 주가 다 끝나고 나서 다시 이야기하자."

키가 180센티미터나 되는 클레이는 내 반응이 실망스러운 듯 몸이 축 처졌습니다.

큰딸 제니는 조금 전에 4-H 돼지를 1년에 한 번 열리는 지역 전시회에 데리고 갔고, 나는 전시회 뒷마무리에 관련된 일로 정신이 하나도 없었습니다. 나는 준비할 목록을 다시 확인했습니다. 전시회 쇼에 참가해서 입을 옷, 머리 장식, 빗, 쇼에 참가할 번호표, 돼지를 씻길 샴푸, 수건, 얼음상자, 샌드위치, 감자 칩, 음료수, 점수표, 전시회 합격증……

가족들이 모두 지역 전시회를 준비하느라 정신이 없었지만, 클레이는 오직 엄마의 이메일에 대해서만 생각하고 있었습니다. 그 애는 조금도 물러설 기색이 없이 나에게 두 번째 공격을 준비하고 있었습니다.

"엄마, 제가 다 알아서 할게요."

클레이는 장난기 가득한 소년다운 웃음을 머금고 주위를 맴돌며 내 동태를 살폈습니다. 아마도 엄마와의 거래를 쉽게 이루어내기 위해서였겠지요.

"전시회 주가 끝나도 넌 바로 과학캠프에 닷새 동안 참가해야 하잖아. 아직 몇 주는 시간이 있으니 기다려. 그리고 엄마의 이메일은 아빠가 돌아와서 처리한다고 하셨잖아. 네가 성화를 부린다고 될 일이 아니야. 잊었니?"

나는 나중에 세탁할 빨래와 음식준비를 생각하니까 머릿속에서 소용돌이가 치는 것 같았습니다.

"엄마, 그냥 알았다고만 대답해 주세요."

클레이가 마음을 굽히지 않고 사정했습니다. 사실 나도 말은 하지 않았지만 글쓰기 모임의 회원 중에 이메일이 없는 사람은 나밖에 없었기 때문에 이메일의 필요성을 느끼고 있었습니다. 남편이 처리해 준다고 약속했지만 일 때문에 갑자기 도시로 나가는 바람에 아직도 그 모양이었던 것입니다.

"제발 엄마!"

클레이는 세탁실까지 쫓아와서 나를 불러댔습니다. 갑자기 등뒤에서 나는 목소리에 정신이 번쩍 들었습니다.

"알았어!"

나는 아들의 성화에 못이겨 할 수 없이 승낙했습니다. 숨을 깊게 들이마시고 항복한다는 표시로 손을 머리위로 올렸다 내렸습니다. 클레이는 나를 뒤에서 안더니 볼에 쪽 하고 뽀뽀를 하고 세탁실 문을 닫고 사라졌습니다.

클레이는 약속대로 나를 귀찮게 하지 않고 친구들을 불러서 전화선과 잭을 설치했습니다. 내 컴퓨터를 열고 뭔가를 만지는가 했더니 어느새 설치를 다 마쳤습니다. 하지만 그 다음날 저녁부터 클레이의 머릿속에는 오직 한 가지 생각뿐이었습니다.

"이메일이 되요. 엄마!"

클레이가 내 길을 막고 서서 소리를 질렀습니다.

"한번 해 보세요? 네?"

나는 다정한 목소리로 말했습니다.

"엄마는 오늘 아침 6시부터 지금까지, 한번도 쉬지 않고 돼지만 300마리 넘게 봤어."

그리고 나는 클레이의 큰 덩치를 돌아서 주방으로 들어가면서 말했습니다.

"지금은 밤 11시이고, 엄마는 내일 아침 6시부터 다시 돼지를 봐야 해. 그러니 이제 그만 해라."

하지만 클레이는 고집스럽게 주방까지 쫓아와서 나를 설득하는 일을 포기하지 않았습니다.

"잠깐 이메일 확인이라도 해 보세요, 엄마."

"도대체 넌 무슨 말을 하는 거니?"

나는 내일 점심과 저녁에 먹을 땅콩버터 젤리 샌드위치를 싸면서 말했습니다.

"클레이! 엄마의 이메일 주소는 아무도 몰라!"

나는 그렇게 말하면서도 한번 입고 벌써 더러워져서 세탁해야 될 딸아이의 쇼 복장을 생각했고, 아침에 먹을 샌드위치를 생각했습니다.

"엄마, 제가 열었어요. 아마 중요한 것이 그 안에 있을 거예요."

나는 어쩔 수 없이 클레이에게 끌려 나왔습니다. 클레이는 자신이 늘 앉았던 회색 컴퓨터 의자에 나를 앉도록 했습니다. 내 멍한 눈은 화면에 집중하기 위해 긴장했고 나는 가만히 아무 말도 하지 않고 그냥 자판을 톡톡 쳐보았습니다.

'우리의 이메일 광신자는 왜 이리 소란스러운 걸까?'

그때 갑자기 내 이메일이 열리면서 메시지 상자에 메모가 나타나 나는 깜짝 놀랐습니다.

"이게 어떻게 된 거지? 난 내 이메일 주소도 모르는데."

클레이의 파란 눈이 기대에 찬 듯 반짝거리고 있었습니다. 그 애는 내 옆으로 의자를 바싹 당겨 앉더니 내가 그 메시지를 다 읽도록 가만히 기다려 주었습니다.

나는 메시지를 읽으면서 축 처졌던 기분이 다시 새로워지고 있었습니다. 이윽고 짭짤한 눈물이 내 볼을 타고 내려와 화면이 흐릿해 보였습니다.

엄마에게

말대꾸하고 버릇없이 대들어서 죄송해요. 엄마, 제가 사춘기를 잘 보낼 수 있도록 저를 도와주세요. 저도 가끔은 제 갈 길을 찾느라 힘이 들기도 한답니다. 엄마, 아빠, 그리고 자신을 위해서 하고 싶은 일들을 하다가 잘 안 되면 저 자신에게 너무 실망하기도 합니다. 저 때문에 너무 힘드신 것 알고 있어요. 엄마 미안해요. 그리고 엄마 정말 사랑해요.

– 클레이 올림

나는 손을 오므려 어깨에 기대고 있는 클레이의 하얀 얼굴에 가져다 대었습니다. 시간은 어느덧 자정이 다 되어가고, 긴장되었던 내 마음은 부드럽게 가라앉고 있었습니다. 따뜻한 마음을 가진 우리 아들은 내 옆에 앉아 이메일을 사용하는 방법에 대해서 설명해 주었습니다.

"정말 대단한 거구나."

나는 눈물을 흘리며 속삭였습니다.

"우리 아들, 고마워요!"

내게 너무나 훌륭한 아이들을 주셔서 감사합니다. 나는 아이들의 따뜻한 마음과 사랑스러운 영혼으로 하루 하루가 온통 기쁨으로 가득합니다. 아이들이 훌륭하고 지혜롭게 자라도록 도와주세요. 그리고 소박하고 아름다운 마음을 영원히 간직할 수 있도록 도와주세요.

| D. J. 노트의 아름다운 소망 |

너무 예쁜 우리 엄마

우리 가족은 뉴멕시코 북쪽 지역의 굽이치는 언덕 위에 자리 잡은 목장에서 살았는데, 가족들이 많기는 했지만 이웃이 별로 없어서 좀 쓸쓸한 편이었죠. 그 무렵 나는 세 살이었고 상상력이 풍부한 몽상가였는데, 아침이면 엄마 옷장에서 반짝거리는 것들이며 예쁜 신발들을 꺼내어 걸치고는 놀았답니다.

엄마에 대한 기억은 너무도 생생해서 지금이라도 손만 뻗으면 엄마의 그 예쁜 얼굴을 만질 수 있을 것 같습니다. 엄마의 부드러운 목소리는 우리 가족에게 사랑과 평화를 가득 안겨 주었고, 우리 집에는 항상 웃음이 넘쳐 흘렀습니다.

어느 날은 거실에서 나를 부르는 목소리가 들려서 가보면, 엄마는 완벽한 티 파티를 준비하고 하얀 탁자에 앉아 계셨습니다. 엄마는 나를 위해 땅콩버터가 들어간 셀러리와 길게 잘라놓은 당근 옆에 반짝이는 쐐기 모양의 사과를 깎아놓았습니다. 그리고 내 땅딸

막한 손에 쏙 잡히도록 삼각형 모양으로 만든 맛있는 샌드위치를 준비했습니다.

그러나 그것보다 훨씬 더 근사한 것은, 엄마가 직접 그림을 그린 도자기 컵과 금테를 두른 야생 장미덩굴이 섬세하게 그려진 찻잔 받침이었습니다. 차를 마시며 엄마 옆에 앉아 있으면, 내가 마치 작은 숙녀가 되어 이 세상에서 가장 아름다운 귀부인 옆에 앉아 있는 것처럼 마음이 들떴습니다.

어느 덧 22년이 지난 일이지만, 내 결혼식장에 참가한 여자들 중에서 우리 엄마보다 예쁜 사람은 없었습니다. 엄마는 50대로 접어들고 있었지만 여전히 자연스러운 브라운 머리에 밝은 파랑색의 눈과 아름다운 미소를 갖고 있었습니다. 그리고 섬세하게 세공한 금 귀걸이와 에메랄드빛 드레스는 엄마를 더욱 빛나게 했었죠.

나는 결혼식 날 친한 친구가 선물한 옷자락이 길게 끌리는 화려한 웨딩드레스를 입기로 했습니다. 신부 들러리의 드레스는 그냥 평범하고 그리 비싸지 않은 것을 골랐습니다. 신랑과 그의 들러리는 턱시도를 빌려 입기로 했습니다.

하지만 엄마는 신부 엄마로서 어떤 드레스를 입어야 할지 지난 봄 내내 걱정을 했습니다. 내가 계속 엄마가 뭘 입든지 너무나 아름답고 자랑스러울 것이라고 매번 반복해서 말씀을 드렸는데도 말입니다.

엄마는 결혼비용에 들어가는 돈을 최소한으로 줄여서 우리에게 보탬이 되려고 했습니다. 그러자 약혼자 립이 이런 제안을 해 왔습니다. 내가 주일 아침에 피아노 반주자로 봉사하는 작은 교회에서, 그가 지난 몇 주 동안 하루에 두 번 설교를 한 대가로 받은 돈을 엄마에게 드리자는 것이었습니다. 나는 웃으면서 말했습니다.

"아마 엄마는 다시 돌려보낼 거야!"

하지만 우리는 비밀리에 그 돈을 엄마에게 보내기로 모의했습니다. 우린 엄마에게 익명으로 편지를 썼습니다.

'쇼니가 태어나던 날부터 그렇게 기도해 왔던 특별한 날을 위해, 아주 특별한 드레스를 장만하세요.'

우리는 일리노이에 사는 친구를 통해 그 수표와 편지를 엄마에게 보냈습니다. 그 친구가 우편환을 엄마에게 전달했는데 우리가 짠 계획을 모르고 엄마는 너무 기뻐했습니다. 3일 후 엄마의 전화가 걸려왔습니다. 엄마의 목소리는 매우 들떠 있었고 그 놀라운 '익명의 편지'에 관한 뉴스를 전했습니다.

"어떤 사람이 익명으로 나에게 돈을 보내면서 특별히 네 결혼식에 쓰라고 썼지 뭐니."

물론 나는 모른 척했습니다. 하지만 엄마의 주저하는 마음에 확신을 주기 위해 나는 큰 소리로 저번에 봐두었던 에메랄드빛 드레스를 사라고 적극 추천했습니다. 하지만 엄마는 시간이 지나도 선뜻 드레스를 사지 못했습니다.
　　결혼식이 얼마 남지 않은 어느 날 내가 피로연 드레스를 고르느라 화려한 옷들이 걸린 드레스 룸에 서 있을 때 엄마의 눈에 눈시울이 어렸습니다. 나는 재빨리 엄마의 관심을 돌려 멋진 에메랄드빛 드레스에 대해서 찬사를 늘어놓았습니다. 엄마는 얼굴이 환해지더니 내 귀에 작게 속삭였습니다.
　　"네 결혼식을 위해 그 드레스를 장만할까 하는데 어떻게 생각하니?"
　　나는 활짝 웃어 보였습니다.
　　하지만 엄마에게는 또 한 가지 걱정이 생겼습니다. 결혼식 날은 오직 아름다운 신부를 위한 날이어야 하는데, 엄마의 에메랄드빛 드레스가 신부를 초라하게 만들면 어쩌나 하고 우려했던 것입니다. 나는 절대 그럴 리가 없다고, 엄마가 아름다워야 나도 자랑스럽다고 말해 주었습니다.
　　그 말대로 나는 결혼식 날 너무나도 멋지고 아름다운 엄마의 모습을 볼 수 있었습니다. 나와 립은 엄마가 너무 자랑스러웠습니다. 엄마가 입은 드레스는 담갈색 레이스가 달린 칼라와 가슴 부분을 두 겹으로 덧댄 재킷과 어우러져 엄마의 우아함을 한껏 뽐내고 있었고 많은 사람들에게 찬사를 받았습니다.

나는 다시 결혼사진을 꺼내 보면서 여전히 신부보다 더 아름다운 엄마에 대해서 생각합니다. 그 사진 속에서 50대인 엄마는, 티파티나 소녀들의 수다로 가득 찼던 옛 시절로 돌아가 여전히 젊고 아름다운 여인으로 남아 있습니다.

> 내가 사랑을 표현할 수 있게 도와주셔서 감사합니다. 다른 사람들의 삶에 변화를 줄 수 있을 때 나는 더욱더 큰 기쁨을 맞이합니다. 나의 친절함이 아무런 결과로 찾아오지 않더라도 어찌되었건 나는 변화합니다. 나보다 더 큰 것을 베풀어주었던 사람들에게 내가 무엇인가 고마움을 전할 수 있는 기회가 있어서 너무 감사합니다.
>
> | 쇼니 맥카티 플리노의 *아름다운 소망* |

사랑의 노래

우리 아이들이 처음으로 유치원에 가는 날은 정말 빨리 다가왔습니다. 나는 두 쌍둥이 아들이 메고 갈 가방과 소지품을 준비하고 나서, 아이들이 아침을 먹는 동안 옆에 앉아 '학창시절' 이라는 노래를 불러주었습니다. 아이들이 재미있으라고 불러준 것인지, 그냥 아무 생각 없이 흥얼거렸던 것인지 내 마음을 나도 잘 알 수 없었습니다. 그냥 노랫소리가 커질수록 울고 싶은 생각이 점점 줄어들었다는 것만은 분명했습니다. 그것은 내가 그 뭔가를 이겨내기 위한 방법인 것 같았습니다.

쌍둥이 아이들이 초등학교 1학년이 되는 날도 매우 빨리 찾아왔습니다. 나는 그 날 아침에도 역시 불안한 음정으로 '학창시절' 이라는 노래를 불렀습니다.

"오, 엄마!"

아이들이 놀라서 뒤를 돌아보며 웃었습니다.

그렇게 매년 아이들이 새 학년에 올라갔지만, 그 애들이 학교 가는 첫날은 언제나 똑같았습니다. 2학년, 3학년, 4학년…… 그리고 학교를 졸업할 때까지 내내, 나는 아이들이 학교 갈 준비를 하는 옆에 앉아서 '학창시절' 노래를 불렀습니다.

"오, 엄마, 노래는 언제 끝나나요? 우린 학교에 가야 한다구요."

나는 아이들이 그 노래를 좋아하는지 그렇지 않은지 전혀 상관하지 않았습니다. 아이들이 내 노래를 방해할수록, 그래서 박자와 음정이 더욱 엉망이 되어갈수록 내 노랫소리는 더욱 커졌습니다. 그것은 마치 어떤 주문을 외우는 것과 같았습니다.

어느덧 시간이 흘러 아이들이 대학에 가게 되었습니다. 아이들은 집을 떠나 학교 근처로 이사를 갔고, 며칠이 지나도록 내 눈에는 눈물이 자꾸만 고였습니다. 나는 다시는 아이들과 새 학기 첫날을 함께 지낼 수 없다는 게 너무 슬펐던 것입니다.

가만히 생각해 보면, 비록 내가 아이들이 커가면서 많은 것을 준비해 오긴 했지만 부족한 게 너무 많았습니다. 특히 아이들을 내 품에서 떠나보낼 준비는 언제나 부족했고, 아이들이 떠나버린 지금 내 마음 속은 새들이 날아가 버린 둥지처럼 텅 비어 있는 상태였습니다.

입학식 전날 밤에 큰아들 채드가 집으로 전화를 걸어왔습니다.

채드의 목소리는 들떠 있었고 새로운 학교생활과 예비소집일 날 만났던 교수님들에 대해 이야기를 하느라 정신이 없었습니다. 나와 채드는 새로운 시작에 대해 많은 대화를 나누었습니다. 그런데 채드가 전화를 끊기 전에 이렇게 말하는 것이었습니다.

"엄마, 첫 수업이 내일 8시에 시작해요. 전화해 주실 거죠? 7시 30분에 집에서 나가면 돼요."

"내가 전화했으면 좋겠니?"

이제 나는 아이들이 독립적으로 자기 일을 꾸려가야 한다는 것을 알고 있었습니다. 아침 수업시간에 늦지 않게 일어나는 일도 스스로 직접 챙겨야 한다고 생각했기에 채드에게 말하는 내 목소리가 조금은 나무라는 말투가 되었습니다. 하지만 채드는 내가 생각지도 못한 뜻밖의 말을 했습니다.

"그럼요, '학창시절' 노래를 불러 주셔야지요."

그 말을 듣는 순간 나는 너무 감격했습니다. 사랑하는 마음을 담아 아이들을 위해 불러주었던 그 노래는 헛되지 않았습니다. 아이들의 새로운 출발을 기원하며 혼자 주문을 외우듯 반복했던 그 노래를 아이들도 어느새 소중히 여기고 있었던 것입니다.

"새 학기 첫날이니까 학창시절 노래를 들어야죠. 그래야 새롭게 학교 가는 기분이 나지 않겠어요?"

채드가 다정하게 말했습니다.

다음날 아침 정각 7시에 나는 전화기에 대고 두 쌍둥이 아들에게 오랫동안 준비했던 '학창시절'을 불러주었습니다. 노래를 다 듣고 나서 아이들은 만족한다는 듯이 큰소리로 웃으면서 전화를 끊었습니다.

전화기를 내려놓은 후에 내 눈은 감사의 눈물로 가득 찼습니다. 나는 두 아들의 가슴에 엄마가 불러준 '학창시절' 노래가 위안이 되었다는 것이 너무 감사했습니다. 그리고 동시에 내 미래의 손자들이 학교에 갈 때에도 그 사랑의 노래가 울려 퍼질 것이라고 믿었습니다.

나에게 아이들을 보내주시니 감사합니다. 아이들은 밝고 건강하게 자라서 우리 가족의 전통을 소중히 여기게 될 것입니다. 아이들이 완전한 어른이 되어서도 여전히 가족에 대한 사랑이 변하지 않도록 도와주세요. 그리고 항상 감사하는 마음이 숨쉴 수 있도록 도와주세요.
| 낸시 B. 깁스의 *아름다운 소망* |

할머니와 웨딩드레스에 대한 기억

사람들은 남과 다르게 보이기 위해 뭔가 특별한 것을 이루어야 한다고 생각합니다. 사실, 우리의 작은 행동이 큰 결과를 불러오기도 하는 데 말입니다.

내가 결혼식을 올리던 날, 우리 할머니는 건강이 너무 안 좋아서 참석할 수가 없었습니다. 그냥 앉아서 텔레비전을 볼 수도 없을 만큼 힘들어 하셨지요. 하지만 할머니의 마음은 우리와 결혼식장에 함께 있었다는 걸 알고 있습니다. 나는 할머니에게 결혼식이 끝나면 웨딩드레스를 입은 채로 병실을 방문해서 손녀딸이 얼마나 예쁜지 보여드리겠다고 약속했습니다.

내가 웨딩드레스를 입고 하얀 베일을 쓴 채로 병실을 찾아갔을 때, 할머니는 작년 어머니날에 내가 선물해 드렸던 핑크색 모자를 쓰고 빛나는 눈으로 나를 바라보았습니다. 우리는 서로 껴안고 기쁨의 눈물을 흘렸습니다.

이윽고 나는 뱅글뱅글 돌면서 웨딩드레스의 긴 옷자락을 할머니에게 보여드렸습니다. 할머니의 눈은 자랑스럽게 춤을 추었고 진주 장식들을 손으로 만지면서 좋아하셨습니다. 할머니와 나는 내 친구 아홉 명이 만든 구름가마를 타고 병실을 나와서 복도로 행진했습니다. 나의 든든한 신랑 테드와 신랑신부 들러리를 섰던 조카들도 이 가장행렬에 참가했습니다. 그 모습을 보고 병실과 복도에서 우리를 구경하던 사람들이 박수를 쳤습니다.

"이 아름다운 신부는 누굽니까?"

나는 자랑스럽게 할머니의 손을 잡으면서 대답했습니다.

"전 여기 있는 아름다운 레나 샌저의 손녀예요."

할머니의 얼굴이 금방 환해졌습니다. 어느새 병실과 복도는 나의 결혼을 축하하는 환영회장이 되어 있었습니다. 나는 오로지 할머니에게 웨딩드레스를 보여드려야 한다는 마음에만 정신이 쏠려 있었기 때문에 그 상황을 어떻게 대처해야 할지 망설였습니다.

하지만 걱정할 필요는 없었습니다. 한 무리의 레지던트들이 병원 복도에 서서 휘파람을 불며 환호했습니다. 그 거무죽죽한 병원 복도는 사람들의 웃는 얼굴과 웨딩드레스를 만져보기 위해 내민 손으로 가득 찼습니다. 늘 인상을 찌푸리고 있던 환자와 간호사들도 얼굴에 웃음이 가득했습니다.

"오 하느님 감사합니다. 제게 손녀의 결혼식을 볼 수 있는 기쁨을 허락하시니 너무 감사합니다."

할머니는 그 날 여왕이 된 것 같았습니다. 할머니는 그 순간 다시 젊어졌고, 어떤 고통도 그녀를 괴롭히지 않았습니다. 할머니는 행복한 손녀와 함께 그 자리를 기쁨과 감사의 마음으로 즐기고 있었습니다. 나는 지난 몇 년 동안 할머니의 그런 웃음을 본 적이 없었습니다.

우리 할머니는 지금 하늘나라에 계십니다. 하지만 내 결혼앨범에는 자랑스러운 할머니가 핑크색 모자를 쓰고 웨딩드레스를 입은 내 옆에 앉아 있는 사진이 있습니다. 우린 똑같이 웃으며 사랑으로 하나가 되어 있습니다.

우리 기억이 특별한 순간들을 담은 사진으로 가득 채워지도록 도와주세요. 서로 사랑하는 마음이 전달될 때 모두 우리의 소중한 기억이 될 것을 믿습니다. 친절과 사랑을 베풀고 기쁨과 감사하는 마음으로 살아가는 삶이 될 수 있도록 도와주세요.

| 디 샌저 하얏의 *아름다운 소망* |

가족들의 저녁식사

내가 슈퍼마켓에서 집에 돌아와 보니 아이들은 이미 학교에서 돌아와 있었습니다.

아론은 전화를 끊더니 봉지에서 시리얼 박스를 꺼냈습니다.

"차에 더 짐이 있다."

내 말이 끝나자마자 아론이 동생들을 데리고 식료품 봉지를 옮기기 위해 자동차로 달려나갔습니다. 열일곱 살인 큰아들 아론과 열다섯 살인 존은 이제 거의 다 자란 아이들입니다. 열세 살인 로라와 열두 살인 다나, 열 살 먹은 카렌, 이렇게 믿음직스럽고 사랑스런 다섯 아이들이 나와 남편의 최고 보물입니다.

나는 매일같이 훌륭한 저녁식사를 준비했습니다. 왜냐하면 하루 중 우리 가족 일곱 명이 유일하게 함께 할 수 있는 시간이었기 때문입니다. 그러나 아이들이 커갈수록 점차 그 시간은 사라져갔습니다. 우리 중 한 명 혹은 그 이상이 매일 저녁식사 자리에 함께 할 수 없습니다. 나도 아르바이트로 학교 카페에서 일한 이후부터 식구들을 위해 저녁을 준비했던 열정이 많이 사라졌습니다.

하지만 오늘은 아주 오래 전 저녁시간으로 돌아갈 작정을 하고 식사를 준비했습니다. 나는 남편과 아이들이 저녁식사 시간 전에 모두 집으로 들어올 것이라고 믿었습니다.

나는 식당 조리대 위에 큼지막한 감자 7개를 올려놓았습니다. 그리고 살짝 구운 커다란 쇠고기를 꺼냈습니다. 아이들이 식료품을 담은 봉지를 가지고 부엌에 들어오면서 서로 밀치면서 부산하게 움직였습니다. 아론은 우유 3팩을 냉장고에 아무렇게나 쑤셔 넣고는 바나나 송이에서 2개를 골라 껍질을 벗겨 시리얼 그릇에 넣었습니다.

존은 마카로니 봉지와 치즈를 집어 들고 프라이팬에 물을 끓이고 있었습니다.

"저녁은 뭐예요?"

존이 고기에 양파를 썰어 넣으면서 의심스럽게 물었습니다.

"쇠고기 찜, 구운 감자, 당근, 샐러드, 그리고 마블 케이크."

"엄마, 고기에 그 비위 상하는 양파를 계속 넣어야 해요?"

"아빠는 이렇게 해야 좋아하셔."

"케이크에 뿌릴 아이싱은 어떤 거예요?"

"땅콩버터로 하는 것이 좋을 것 같아."

나는 존의 표정이 그리 밝지 않은 것을 느꼈습니다. 마침 중학생인 로라가 현관에 들어왔을 때 동시에 전화벨이 울렸습니다

"로라니? 나야."

전화에서 들려오는 목소리는 남자인지 여자인지 도통 알 수 없었습니다. 나는 로라에게 전화를 바꿔주었습니다.

"안녕 엄마."

아론이 기다렸다는 듯이 말했습니다

"잠깐 기다려. 아론 어디 가는 거야?"

내가 부르는 소리에 아론이 나가다말고 현관 앞에 섰습니다.

"일하러요. 9시에 올 거예요."

"하지만 오늘 넌 비번이잖아."

"엄마, 오늘은 제가 일하는 금요일이에요."

나는 어깨를 으쓱해 보이고 감자 하나를 뺐습니다. 로라는 슬슬 눈치를 보더니 금방 전화를 끊었습니다.

"엄마, 저녁은 뭐예요?"

"너 케이크 만들고 싶니?"

"피자는 안 될까요?"

"점심시간에도 피자를 먹었잖아."

그때 다시 전화벨이 울렸습니다. 아론을 찾는 전화였습니다. 로라는 큰오빠에게 남긴 메시지를 적어두었습니다. 이제 막 다나와 카렌

이 학교를 마치고 함께 집에 도착했습니다. 카렌은 뭐가 즐거운지 기분 좋은 웃음을 짓고 있었습니다. 다시 전화벨이 울렸습니다.

"안녕하세요. 저 크리스티나예요."

다나가 로라에게 전화를 넘겨주었습니다.

"너희는 학교에서 집에 일찍 들어오는 편이니?"

다나는 고기와 양파가 구워지는 냄새를 들이마셨습니다. 그 냄새는 부엌에 가득했습니다.

"엄마, 냄새가 정말 좋은데요?"

나는 오늘의 저녁식사 메뉴를 다시 한번 읊었습니다.

"근데 엄마, 저는 에디와 나가서 먹을 거예요."

다나가 미안한 표정을 지으며 말했습니다. 나는 감자 하나를 다시 덜어내었습니다.

"그래, 나도 불렀어. 근데 그 애는 너무 멍청이야."

로라가 전화기에 대고 속상한 듯 말했습니다. 나는 다나와 서로 쳐다보며 웃었습니다. 로라가 열세 살이 된 지 얼마 되지 않아서 생긴 남자친구를 흉보고 있었습니다.

"제가 케이크 만드는 것 도와드릴까요?"

카렌이 다정하게 물었습니다.

"그래."

우린 그릇에 거품기로 반죽을 섞었습니다. 카렌은 팬에 기름을

둘렀고 그 동안 나는 오븐에 온도를 맞추어 놓았습니다.

"마블 케이크는 만들기가 좀 어려워."

나는 카렌에게 설명했습니다.

"난 초콜릿 케이크가 더 좋은데."

로라가 크리스티나와 통화를 하면서 끼어 들었습니다.

"글쎄, 난 마블이 좋은데. 그리고 아빠도 그걸 더 좋아하잖아. 땅콩버터 아이싱하고."

카렌이 달걀을 깨뜨렸습니다. 난 껍질을 골라냈습니다. 카렌이 물을 재었고 내가 기름의 양을 재었습니다.

"엄마, 저…… 크리스티나 집에 가도 되나요?"

로라가 어물어물 하면서 물었습니다.

"그래라. 대신 집에는 6시까지 와야 해."

나는 믹서의 스위치를 세게 눌렀습니다. 우리는 팬에 반죽을 부었습니다.

"우리 반죽 더 할까?"

카렌은 망설이더니 머리를 흔들었습니다. 나는 오븐의 시간을 맞추고 나서 빨래를 개기 위해 세탁실로 갔습니다. 다나는 샤워 중이었습니다. 존은 비디오게임을 하면서 팬에서 꺼낸 마카로니와 치즈를 먹고 있었습니다. 다시 우리 집 전화벨이 울렸습니다.

"오빤 지금 일하고 있어요."

카렌이 말하는 소리가 들렸습니다. 나는 바구니를 들고 정원으로 향했습니다. 우리 집 정원에는 샐러드로 쓸 상추가 자라고 있었기 때문입니다. 또다시 전화벨이 울렸습니다. 존이 주방 창문으로 나를 불렀습니다.

"엄마, 제리와 체육관에 가도 되요?"

"집에는 언제 올 거야?"

약간 멈칫하던 존은 전화기에 대고 뭔가를 물어보았습니다.

"10시쯤이요. 엄마, 제리가 농구공을 가져올 수 있는지 물어보는데요?"

"그래."

나는 그렇게 말하고 한숨을 쉬었습니다. 부엌으로 돌아와서 감자를 다시 하나 빼냈습니다. 케이크는 다 되어 있었고 아이싱을 섞기 전에 식히기 위해서 한쪽에 놔두었습니다.

"구운 감자대신 으깬 감자는 어때요, 엄마?"

카렌이 물었습니다.

"글쎄다……"

나도 으깬 감자를 좋아하긴 했지만 수프와는 잘 어울리지 않았습니다. 이제 저녁식사를 함께 할 식구는 4명으로 줄어들었습니다.

"아니, 아빠는 구운 감자를 좋아하셔."

나는 상추를 깨끗이 씻었습니다. 일년 내내 약 한번 뿌리지 않는데도 벌레 하나 먹지 않았습니다. 다시 시끄럽게 전화벨이 울렸습니다. 카렌이 전화를 받더니 이렇게 말했습니다.

"엄마, 우리 코치 선생님이야. 오늘 저녁에 마무리 게임 한데."

'왜 하필 이때 소프트볼 코치가 전화한 거야.'

나는 그만 기운이 빠져버렸습니다.

"갑자기 이렇게 연락을 드려서 죄송합니다. 오늘 저녁 연습에 카렌이 꼭 있어야 할 것 같아서요. 5시 30분까지 필드에 나올 수 있을까요?"

"물론이죠. 곧 준비하고 데리고 갈게요."

나는 힘없이 그에게 말했습니다. 또다시 감자 하나를 덜어내야 했습니다.

"세탁실 바구니에서 유니폼을 꺼내 입어야 할 거야."

나는 카렌에게 유니폼을 가져오라고 말했습니다.

"카렌, 치즈 샌드위치 토스트를 만들어 줄게."

내가 카렌의 샌드위치를 만들고 있을 때 초인종이 울렸습니다.

"저는 에디라고 하는데 다나 남자친구거든요."

다나는 활짝 웃으며 나를 껴안았습니다.

"집에는 몇 시에 올 거니?"

"엄마, 조금 늦을 거예요. 영화를 볼 생각이거든요."

나는 아이들이 모두 나간 후 당근 껍질을 긁어내고 고기에 넣었습니다. 남편인 론과 나는 이렇게 만든 당근을 좋아했습니다. 나는 남편이 좋아하는 방식으로 음식을 준비했습니다. 다시 전화벨이 울렸습니다.

"아론에게 제니한테 전화 왔었다고 전해 주시겠어요?"

아론의 여자친구 목소리는 아주 부드러웠습니다. 나는 아론에게 전달할 메시지에 내용을 추가했습니다.

'해더 전화, 멜리사 전화, 에이미 전화, 리사가 전화, 제니 전화.'

카렌이 유니폼을 입고 나왔습니다. 나는 카렌의 얼굴을 쳐다보았습니다.

"모자 가지고 와야지, 장갑은 어디에 있니?"

카렌을 챙겨주고 있을 때 다시 전화벨이 울렸습니다. 일찍 들어오겠다던 로라였습니다.

"엄마, 저 크리스티나랑 저녁 먹고 올게요?"

"하지만 케이크가 벌써 다 됐는데……."

나는 딸아이의 부탁에 이렇게 항의했습니다.

"로라야, 크리스티나도 우리 집에 와서 저녁 먹고 싶어할 거야!"

"제발요, 엄마. 지금 우린 피자를 시켰단 말이에요."

"알았어, 하지만 8시까지 들어오너라."

이젠 어쩔 수 없었습니다. 나는 다시 감자 하나를 덜어냈습니다. 그리고 남아 있는 감자 2개를 코일에 싸서 오븐에 넣었습니다. 고기에 넣은 당근을 가지런하게 정리했습니다. 구운 고기는 잘 익어서 냄새가 아주 좋았습니다. 하지만 나는 카렌을 마을 건너 경기장까지 태워다 주는 내내 부루퉁해 있었습니다.

'정말 아주 대단히 멋진 저녁식사가 되겠군! 도대체 일이 왜 이 모양이지?'

내가 집에 도착하니 남편이 이미 집에 와 있었습니다.

"모두 어디 간 거야?"

론이 다정한 목소리고 물었습니다.

"다나는 데이트하러 갔구요, 아론은 아르바이트하러 갔구요, 존은 제리와 체육관에 갔구요, 로라는 크리스티나랑 저녁을 먹고 올 거구요, 카렌은 마무리 게임을 준비하러 갔어요."

"오, 놀랍군. 그래서 우리 단 둘이 저녁을 먹는 거야?"

론은 장난스런 표정을 지으며 웃었습니다. 나는 남편의 표정을 보고 그만 픽 하고 웃었습니다.

"카렌에게 이따가 경기장으로 데리러 가겠다고 말했어요."

"여보, 무슨 냄새가 이렇게 좋아?"

"구운 쇠고기와 당근이에요."

"음, 양파도 넣었겠지?"

론의 얼굴이 한결 더 밝아졌습니다.

"물론이죠."

"감자도 구웠어?"

"물론이죠. 샐러드와 마블 케이크도 있어요."

이제야 나도 남편처럼 활짝 웃게 되었습니다.

"내가 좋아하는 아이싱도 준비되었나?"

"어련하겠어요."

나는 부엌으로 들어가 식탁을 차리려고 일어났습니다. 그러자 론이 다가와 나를 잡더니 껴안고 키스를 했습니다.

"그러니까 여보, 완전히 나만을 위한 저녁이군?"

나는 남편을 다정히 껴안았습니다.

"물론이죠, 여보."

내가 좋은 엄마, 좋은 아내가 되는 것을 잊지 않도록 도와주세요. 내가 나이를 먹지 않고 싶은 것은 바로 우리 가족들 때문입니다. 우리가 서로 사랑하면서 만들어낸 아름다운 로맨스가 깨어지지 않도록 도와주세요. 내가 남편과 아이들을 위해 어떻게 시간을 보내야 하는지 가르쳐주세요.

| 사라 L. 스미스의 아름다운 소망 |

사랑의 힘으로

우리가 간호센터 앞에 도착할 때쯤 나는 남편의 손을 잡고 말했습니다.

"엄마는 오늘 날 알아볼 거예요. 분명해요."

"그럼, 그럴 거야. 믿어보자구."

남편은 내 어깨를 감싸며 위로해 주었습니다. 나도 오늘의 방문만큼은 지난 방문과는 다를 것이라고, 엄마가 나를 분명히 알아볼 거라고 확신하고 있었습니다.

6개월 전, 나와 함께 살고 있던 엄마는, 어느 날 아침 장이 뒤틀리는 통증을 호소했습니다. 그리고 응급실에서 깨어났을 때 엄마는 우리를 알아보지 못했습니다. 갑자기 찾아온 치매라는 무서운 병이 엄마의 기억과 내가 알고 있던 엄마의 모습까지 모두 앗아가 버렸던 것입니다.

이제 남은 건 절망밖에 없는 걸까요? 아니요. 나는 엄마가 다시 내게로 돌아올 거라는 걸 믿고 있었습니다.

지난 주 큰아들 존이 남편이 사온 6피트짜리 크리스마스트리를 경이로운 눈으로 바라보았을 때, 나는 콜로라도의 엄마 집에 있었던 '찰리 브라운' 나무를 떠올렸습니다. 엄마가 몇 년 전 크리스마스 이브 오후에 우리 가족의 방문을 기뻐하며 사왔던 나무였습니다. 거실에 환하게 타올랐던 장작불과 은은한 트리의 불빛들, 향기로운 칠면조 요리…… 그런 기억들이 떠오르자 나는 고개를 돌려 남편을 향해 속삭였습니다.

"여보, 이제 얼마 후면 크리스마스예요. 우리 다음주에 이오와에 갈래요? 정말 엄마가 보고 싶어요."

나는 크리스마스 이브까지 기다릴 수 없었습니다. 그래서 어제 부랴부랴 남편과 함께 엄마가 입원해 있는 간호센터에 도착했고, 이제 엄마의 얼굴을 보게 된 것입니다.

여러 가지 복잡한 생각들이 머리에 가득 찬 상태에서 나는 무거운 발걸음을 옮겨 병실 문을 조심스럽게 밀고 들어갔습니다. 엄마는 침대에 앉아 있는데 평소에 좋아하던 분홍색과 흰색의 물방울 무늬가 있는 블라우스를 입고 계셨습니다. 그 옷은 몇 년 전에 우리가 함께 사드렸던 옷이었습니다.

나는 곧장 엄마 앞으로 걸어갔습니다. 연약하긴 하지만 아직은 거동할 수 있는 힘이 남아 있는 우리 엄마.

"엄마 안녕. 차를 태워드릴게요, 함께 드라이브하러 왔어요."

나는 앞으로 다가가서 엄마의 팔을 잡으며 조심스럽게 의자에서 일어서게 했습니다.

'오, 제발 하느님! 엄마가 나를 조금이라도 알아볼 수 있게, 남편을 알아보는 기색이라도 보이게 해 주세요. 나를 향해 웃거나 눈동자에 특별한 감정이라도 담을 수 있도록 도와주세요.'

나는 마음속으로 간절히 기도했습니다. 그러자 엄마가 나를 올려다보더니 웃으며 말했습니다

"그래!"

나는 정말 그 '그래' 라는 간단한 말이 200명의 목소리가 합창하는 소리처럼 정확하고 크게 들렸습니다. 거기에는 사랑 받는 사람을 보고 있는 행복한 웃음도 함께 묻어 있었습니다.

우리는 천천히 차를 몰아 호수를 끼고 돌면서 주변을 산책했습니다.

"엄마, 저기 봐요. 해가 물위에서 반짝거리지요? 고향 집 강가에서도 그랬잖아요."

나는 엄마의 기억 속 어떤 순간을 되살려보려고 노력했습니다.

"엄마, 저기 잔디밭을 보세요. 콜로라도에 있는 우리 농장의 푸른 초원이 엄마를 초대하는 것처럼 보이죠?"

엄마는 마치 지난 시절 우리 가족이 나눴던 사랑을 다시 느끼는 것처럼 미소짓고 있었습니다. 엄마의 얼굴에는 새로운 평화로움이 자리 잡았고 우리는 오후의 드라이브를 즐거운 마음으로 마쳤습니다.

나는 알고 있습니다. 오늘 엄마의 '그래' 라는 말과 특별한 웃음, 그리고 평화로운 얼굴이 우리를 위한 아주 특별한 선물이었다는 것을 말입니다. 또한, 엄마의 마음속에 여전히 우리를 향한 사랑이 자리하고 있다는 것을 알았습니다. 엄마가 비록 내 이름과 얼굴을 기억할 수 없을지라도 그 사랑의 힘은 변하지 않았습니다.

엄마가 비록 나를 알아볼 수 없을지라도 나는 엄마를 영원히 잊지 못할 것입니다. 우리의 기억이 흐려질지라도 엄마의 사랑은 변함 없다는 것을 알게 하시니 감사합니다. 엄마는 나의 바위이고 튼튼한 닻입니다. 나는 엄마를 믿습니다. 엄마가 나의 사랑을 느낄 수 있도록 도와주세요.

| 베티 J. 존슨의 *아름다운 소망* |

매일매일이 추수감사절

오랜 친구가 전화를 걸어와 추수감사절을 잘 보내라고 말했습니다. 그 친구와 나는 아이가 있기 전, 아니 남편을 만나기 훨씬 전부터 알고 지낸 사이였습니다.

친구네 부부는 플로리다에 살면서 매우 편안한 생활을 즐기고 있었습니다. 그녀는 아이가 없어서 집에서 꼼짝 못할 일이 없었기 때문에 너무나 자유롭게 잘 지내고 있다고 말했습니다.

"너는 감사할 일이 많겠구나."

나는 부러움이 섞인 목소리로 말했습니다. 그러자 그녀가 나에게 이렇게 물었습니다.

"너는 뭐에 대해서 감사하고 있니? 너는 일찍 결혼해서 코 찔찔이 아이와 넘치는 빨래와 설거지에 치이면서 산다며?"

나는 순간 잠시 동안 할말을 잃었습니다. 그러자 그녀가 다시 물었습니다.

"아이 때문에 밤잠은 부족하고 사생활은 아예 없고, 아니면 자아 정체성도 잃어버렸을지도 모르지. 그렇지 않니?"

그 친구는 그렇게 말하고선 조금은 미안한 듯 웃었습니다.

나는 그녀와 내가 인생에 있어서 서로 완전히 다른 길을 걸어가고 있다는 것을 느꼈습니다. 하지만 나는 자아 정체성을 잃어버리는 것이 무엇인지는 몰라도, 그것이 가족에 대한 나의 사랑보다 앞설 수 없음은 확실히 이해할 수 있었습니다. 아마도 그녀는 가족과 아이들을 위해 간절히 기도하는 엄마의 마음이 어떤 것인지 하나도 이해할 수 없을 것입니다.

언젠가 나는 아이를 종일 안고 있어서 팔이 한동안 아팠던 적도 있었습니다. 아이가 아파서 간호를 하느라 밤새도록 잠을 잘 수 없었던 일도 떠올랐습니다. 그리고 아이와 손을 잡고 조용히 기도를 올렸던 일도 떠올랐습니다. 만약 그런 시간이 없었다면 아이들과 이 정도의 친밀감을 유지할 수 없었을 것입니다.

나는 집안 일을 끝내놓고도 계속해서 더 빨아야 할 빨래는 없는지 찾아다녔고, 그럴 때마다 우리 아들은 "엄마, 엄마." 하거나 갑자기 "엄마, 사랑해요." 하며 쪽 하고 내 입술에 뽀뽀를 하기도 하였습니다.

나는 내 삶에서 그렇게 순전한 즐거움이 있다는 것이 너무 감사합니다. 나는 가족 안에서 살고 그들에게 꼭 필요한 존재로 살 수 있다는 사실에 감사합니다. 나는 가족과 보낸 수많은 시간들이 너무 감사합니다.

어린아이들은 항상 즐거움을 잃지 않습니다. 나는 그들이 곁에 있어서 그 즐거움을 함께 느낄 수 있습니다. 우리 아이들, 사랑스런 니콜라스와 리비를 통해 남편과 나는 조건 없는 사랑을 배웠습니다.

나는 니콜라스와 리비가 집안을 엉망진창으로 어질러놓아도 내 아이들을 사랑하며, 아이들도 내가 간혹 자제력을 잃어 화를 낼지라도 나를 사랑합니다. 그리고 나는 남편으로부터 더욱 큰 사랑을 발견합니다. 남편 짐이야말로 내 인생에 있어서 가장 커다란 선물입니다. 남편이 마당에서 아이들과 함께 놀아주거나 안아주거나 돌봐주는 것을 지켜보면서, 나는 남편의 너그러운 품성과 따뜻한 마음자리를 느낄 수 있었습니다.

또한, 니콜라스와 리비 덕분에 나는 나와 같은 인생의 길을 걷고 있는 수많은 '축복 받은 엄마'들을 만날 수 있었습니다.

"무엇에 감사를 해야 할까요?"

내 인생에서 감사와 고마움을 전할 일들에 대해 목록을 만들자면 아마 끝이 없을 것입니다. 한 가지 바람이 있다면, 내가 엄마로서 지켜야 하는 의무를 넘어서서, 엄마로서의 숭고한 부름에 스스로 기뻐하며 언제나 가족들의 곁에 있었으면 하는 것입니다.

모든 엄마들은 추수감사절에만 감사하는 것이 아니라 언제나 끊임없이 감사합니다.

우리가 무엇에 대해 감사해야 할까요? 모든 것입니다. 가족, 아이들 그리고 엄마로서 느끼는 행복과 즐거움을 주셔서 감사합니다. 나는 그러한 것을 소위 말하는 휴식이나 자유로움이라는 것과 바꿀 수 없습니다. 나의 아이들을 위해 사랑할 자유가 있고 가르칠 자유가 있고, 그 아이들을 한 사람의 인간으로 성장시킬 자유가 있습니다.

| 바바라 A. 보젤제상의 아름다운 소망 |

처음 학교 가는 날

오래 전 큰딸 캐롤라인이 처음으로 학교에 입학했을 때, 나는 이 세상 모든 엄마들처럼 기뻐서 어쩔 줄을 몰라했습니다. 이제 나도 당당히 학부모가 된다는 사실은 나를 흥분시키기에 충분했었습니다.

나는 캐롤라인이 학교에 가는 첫날을 준비하기 위해 몇 주 동안 고심했습니다. 평소와 다를 것은 별로 없었지만 세세한 문제까지 신경이 쓰이는 것을 어쩔 수 없었습니다. 나는 아이의 적갈색 머리를 단정하게 단발로 다듬어 주었습니다. 아이의 가방은 매우 튼튼했고 옷과 신발도 새로 구입했습니다.

캐롤라인은 또래 아이들보다 참을성 있고 어른스러워서 자신에게 찾아올 가장 큰 변화에 대해서 별로 걱정하는 모습을 보이지 않았습니다. 오히려 엄마인 내가 더 들떠 있는 것 같았습니다.

하지만 나는 공립과 사립학교를 모두 다해 6년 동안 아이들을 가르친 경험도 있었고 교육학 박사학위를 따기 위해 이곳으로 이사왔던 상태였습니다. 대학교에서 학생들을 가르칠 준비를 하느라 책을 쓰고 논문을 준비하면서 보냈습니다. 한마디로 나는 학교와 관련된 일에 있어서는 무엇이건 식은 죽 먹기로 잘 처리할 수 있다고 믿고 있었습니다.

학교에 가는 첫날, 우리 영리한 딸은 눈곱만큼의 오차도 없이 완벽하게 준비를 끝냈습니다. 나는 우리에게 어떠한 어려움이 생길 것이라고는 전혀 생각하지 않았습니다.

그런데 그 '커다랗고 노란 학교 버스'가 우리 앞에 나타났을 때 모든 것은 수포로 돌아가고 말았습니다. 아이들을 태우는 학교 버스, 소위 아이들이 말하는 '커다랗고 노란 하마'가 내 앞에 모습을 보이기 시작하면서 모든 일이 꼬이기 시작했던 것입니다. 그것 때문에 나는 다른 엄마들처럼 잔소리를 늘어놓고, 하도 울어서 퉁퉁 부은 눈을 가지게 되었습니다.

첫날 학교에 가기 위해 나와 캐롤라인은 학교 버스를 타기로 결정했습니다. 8월의 맑은 아침, 우리는 집에서 나와 막다른 골목의 끝에서 버스를 기다리고 있었습니다. 나는 앞으로 일어날 모든 일들을 그림처럼 떠올려보았습니다.

가방 없이 현관 앞에 서 있는 캐롤라인, 가방과 도시락을 들고 현관 앞에 서 있는 캐롤라인, 동생과 함께 현관에 서 있는 캐롤라인, 버스를 기다리는 캐롤라인…….

잠시 후 학교 버스가 저쪽 골목을 돌아오면서 부르릉 소리를 내고 있었습니다. 캐롤라인은 매우 신이 나 있었고, 이쪽에서 길 저편으로 발을 한 발자국 떼어놓았습니다. 그 때까지는 나도 차분하고 확신에 찬 어른답게 웃고 있었습니다. 그 괴물을 보기 전까지 말이지요. 하지만 그 노란 괴물은 전혀 조심성 없이, 내가 아끼는 캐롤라인을 마치 삼켜버릴 태세로 커다랗게 입을 벌리고 달려오고 있었던 것이었습니다.

나는 그 순간 캐롤라인을 안아 올려 다시 안전한 우리 집으로 데리고 가고 싶었습니다. 모든 것이 안전한 성으로 말입니다. 집에서라면 캐롤라인이 친구를 만나는 일까지도 모두 내가 돌봐줄 수 있었습니다. 나는 캐롤라인을 그 노란 괴물에 실려 보내고 싶지 않았고, 학교라고 부르는 위험한 곳으로 보내고 싶지 않았습니다.

내 머릿속에서는 생각할 수 있는 모든 위험한 것들이 한꺼번에 떠올랐습니다.

'운동장에 테러리스트라도 얼씬거리면 어떡하지? 만약 위험한 바이러스에 노출된다면?'

내가 걱정하는 최악의 것은 다른 아이들 때문에 캐롤라인이 마음의 상처를 받을까 하는 것이었습니다. 어느덧 버스가 우리 앞에 멈춰 섰습니다. 캐롤라인은 내 손에서 자기 손을 빼내려고 했습니다.

"엄마 봐요. 저기 버스가 왔잖아요. 이제 갈 시간이에요."

나는 재빨리 눈을 깜빡여서 눈물을 떨어냈습니다. 그리고 무서운 감정의 파도를 가슴속으로 삼키고는 평범한 목소리로 이야기했습니다.

"정말이네."

나는 거짓말로 기쁜 척하고 있었습니다.

"우리 캐롤라인을 위해 버스가 왔구나. 자 우리 큰딸 가자!"

나는 캐롤라인을 버스에 올려 보내고 나서 나도 모르게 재빨리 버스에 올라탔습니다. 그리고 테러리스트는 없는지, 좌석에 스프링이 망가져 위험하지는 않은지, 혹은 고약한 냄새를 풍기며 밤 동안에 버스에 숨어 있을 만한 사람은 없는지 확인했습니다. 그리고 모든 것이 정상적이라고 판단이 섰을 무렵, 나는 그만 버스에서 내려달라는 운전사의 말을 들었습니다. 생각지도 못한 내 행동에 그는 매우 불쾌했던 모양이었습니다.

내가 버스에서 내리자, 캐롤라인은 손을 흔들고 주근깨가 난 코를 유리창에 대고 눌러 보였습니다. 버스는 덜덜거리며 학교로 떠났습니다. 굽은 길을 돌아가 시몬거리를 향해 갈 때쯤 버스는 더 이상 보이지 않았습니다.

이미 10년이 지난 지금까지도 그 날의 공포와 나의 무기력한 마음은 잊혀지지 않았습니다. 우리 집 앞 골목에서 내가 참을 수 없는 눈물을 마구 흘렸던 것을 말입니다. 아이를 보내놓고 나는 그냥 서 있을 수가 없었습니다. 내 울음소리는 너무나도 크고 절망적이어서 이웃인 캐이시가 놀라서 뛰어나올 정도였습니다.

그녀의 아이들은 우리 캐롤라인보다 좀 나이가 많았고 그래서였는지 그녀는 나보다 조금 더 현명했습니다. 캐이시는 울고 있는 나를 보더니 한눈에 어찌 된 상황인지 알아채고는 내 어깨를 안아 두드리며 이렇게 말했습니다.

"그렇게 조바심을 낼 줄 내가 알고 있었어요. 큰애를 처음 학교에 보낸다는 게 얼마나 두려운 일인지, 이 세상 엄마들은 다 알걸요. 울지 마요, 당신도 앞으로 좋아질 거야."

캐이시는 나를 향해 웃어 보이고는 다시 이렇게 말했습니다.

"애들을 대학에 보낼 때는 좀 괜찮을지 몰라. 나도 그 날을 기다리고 있어요."

그런 말을 들으니 마음이 좀 진정되었습니다.

그로부터 2년이 지나 둘째 딸인 오드레이가 학교에 입학했을 때, 나는 첫날 학교까지 아이를 자동차로 태워다 주었습니다. 그 날도 누군가 나처럼 서투른 엄마가 그 '커다랗고 노란 하마'가 입을 떡 하니 벌리고 달려올 때, 자기 아이를 지키기 위해 용감하게 버스위로 올라탔겠지요. 그게 엄마들이니까요.

나는 아이들이 다니는 학교가 개학을 하면 기도로서 하루 일을 시작해야 한다는 것을 알았습니다. 그렇게 하면 비록 내가 그 학교 버스에 함께 있지 않더라도, 아이를 혼자서 세상에 내보낸 두려움에 떨지 않아도 될 것이기 때문입니다. 나는 그렇게 우리 아이들을 세상에 내보내는 방법을 배우고 있는 것입니다.

> 내가 아이들을 세상에 보낼 때 그들을 두려움 없이 보낼 수 있는 방법을 알게 하세요. 나는 경험 이상 가는 선생님이 없다는 것을 알고 있습니다. 나의 경험을 최대한 살려서 아이들을 위해 최선을 다할 것입니다. 아이들도 자신의 경험으로 배우게 도와주시고 아이들을 안전하게 지켜주세요.
> | 린다 카제스 본의 *아름다운 소망* |

차 한잔과 함께 마음이 따뜻해지는 이야기
엄마가 들려주는 아름다운 소망

초판 1쇄 펴낸날 2002년 12월 5일
초판 2쇄 펴낸날 2002년 12월 16일

지은이 린다 에반스 셰퍼드
옮긴이 김미영
펴낸이 김철수
펴낸곳 지원클럽

출판등록 1996년 12월 3일 제10-1371호
주소 서울시 마포구 상수동 231번지 호수빌딩 301호
전화 (02)322-9822 | 팩스 (02)322-9826

ISBN 89-86717-79-4 03840

* 잘못 만들어진 책은 바꾸어드립니다.